図 I

図 II

図 III

図Ⅳ

図Ⅴ

岩波現代文庫／学術 220

〈心理療法〉コレクション I

ユング心理学入門

河合隼雄
河合俊雄［編］

岩波書店

序説　ユング心理学に学ぶ

人生の選択

一九五二年京都大学を卒業したときは、一生、高校の教師をする決心をしていた。しかし、高校の教師としてマンネリズムに陥り堕落するのを防ぐためには、「何らかの意味で自分自身が進歩していないと駄目だ」と言う先輩教師の忠告に従い、京都大学の大学院で心理学を学びつつ、高校の数学教師をする、という道を選んだ。数学では「進歩」するはずがないことはよくわかっていたし、心理学を学ぶことは、高校教師として必要なことだと考えたからである。

一生、高校の教師をする、というのでその道にだけ専念していたとしたら、今ごろはどうなっていただろう。はじめに意気込んでいたような、「日本一の高校教師」になり得ていただろうか。こと志とは違ったが、今自分のしていることが、「高校教師」と非常に似たことをしているという思いもある。私の書くものは高校生程度の学力があればすべて読めるはずである(もっとも学力だけでは読みにくいものも大分あるが)。そんな意味で、あんがい初志は貫徹されているかもしれない。

心理学を学びはじめてしばらくして、自分のやりたい心理学、つまり臨床心理学を学ぶためには、アメリカに行くより仕方がないと思った。日本には正直のところ指導者が居ない、と言ってよかった。

心理学を学びはじめたころ、私はどうしても心理療法やカウンセリングができなかった。自信がなかったのである。人間のために役立つことをする前に、人間を「知る」ことが大切と思われた。そこで、ロールシャッハ・テストという心理テスト(実はこれはテストではないと思うようになったが)にのめりこんだ。ロールシャッハ法に関する当時の権威であるブルーノ・クロッパーの本を、一字一句おろそかにせぬ態度で読んだが、どうしてもわからぬところがある。どうせ駄目とは思いつつ質問の手紙を書いた。驚いたことに、クロッパーから返事があって、それは自分のミスである、しかし、これまでそれを指摘した人は一人もなかった、とある。私は驚き、喜んだ。このことが私のアメリカ留学の気持を促進した。

アメリカ留学の意志を強めたことのもうひとつの要因として、一九五七年に京都大学で行われたアメリカ・セミナーがある。ミシガン大学のボーデン教授の講義は極めて明快で、しかも体験に支えられた深さをもち、私が心理療法やカウンセリングに関してもっていた、かずかずの疑問を氷解させてくれた。このころは、私も少しずつカウンセリングをはじめていた。というよりは、高校生がいろいろと相談に来るので、せざるを得なかったのである。

留学に際して、クロッパーとボーデンの両先生のどちらの方に行くかで大いに迷った。ボーデン先生には直接に接して、その偉さがよくわかっている。にもかかわらずクロッパー先生を選んだのは、やはり、見も知らぬ日本人にあれだけ率直な返事を下さった、という事実が大きく作用していたと思う。そして、自分では気がついていなかったが、この選択は、将来私がユング心理学を学ぶことにつながっていたのである。

念願がかなってフルブライト留学生として、ＵＣＬＡでクロッパー先生にお会いしたときは感激も大きかった。しかし、すぐに厳しい状況に直面しなくてはならなかった。クロッパー先生は大変に忙しくて、教室で講義時間に接することができるだけなのである。下手な英語でアメリカの大学院生たちに伍して意見を述べるのは極めて難しい。このことは、私の日本的甘えを払拭するのに役立ったように思う。先生に認めてもらうためには、クラスで何とか発言するしかない。とはいっても、今日もうまくゆかなかったと感じる日の方が多かったと思う。

分析体験

クロッパー先生の講義は素晴らしかった。それは単にロールシャッハに関する講義であることを超えて、心理療法について、臨床心理学全般についての洞察に満ちていた。そのうちに、私はこのような講義ができるのも、先生の人生観がゆるぎないものとして確立しており、それはユング心理学を支えとしているものだということに気づいた。

講義が終ったときの僅かの時間に、私は前記のことを先生に言い、ユング心理学を勉強してみたいと言った。先生は今から自分は大学の書店に行くところなのでちょうどいいと言われ、書店まで一緒に行って、フリーダ・フォーダムの『ユング心理学入門』(Frieda Fordham, An Introduction to Jung's Psychology)を推薦された。私は早速読み出したが面白くてやめられない。「これだ。この心理学が私の求めていたものだ」という気持が強くした。

読んでいるうちに「分析家になろうとするものは、自らが分析を受けねばならない」という文があり、強いショックを受けた。当時はこんなこともまったく知らなかったのだ。まず、自分も受けねばと思う反面、それで自分の欠点がつぎつぎとわかったら、心理療法などしない方がいいという結論にならないか、と真剣におそれた。それでも、クロッパー先生の助手と雑談しているとき、自分が分析を受けてみるのもどうかなあ、とあいまいなことを言った。ところが数日後にクロッパー先生より電話があり、「お前は分析を受けたいそうだが」とのこと。驚いたが日本人的に「イエス、イエス」と言っているうちに、何もかもきまってしまって、先生の弟子でチューリッヒのユング研究所で資格を取って帰国してきたというシュピーゲルマン博士に分析を受けることになってしまった。

「欠点がばれるとどうしよう」というおそれはあったが、ともかく分析を受けに行った。シュピーゲルマン博士に会うとすぐ、恐れも不安もなくなり、自分の生い立ちについて熱心に話をした。「これほど話のわかる人が居るのか」というのが実感であった。欠点がどうのこうのというよりは、私という「人間」をそのまま深く受けいれてくれる人がいる、という感じであった。

しかし、分析は主として「夢分析」であると聞いたときには驚いてしまった。「夢のような非科学的なことは信用できない」と私はすぐに言った。日本人の非合理性、あいまいさなどが大嫌いで、西洋の合理主義、明快さが好きでそれを学びとるためにアメリカに来たのだ。そこで「夢」など持ち出されるとたまったものではない。博士は私の言うことを聞くと、「しかし、夢分析を経験したこともなく、それを非科学的というのこそ非科学的ではないか。ともかく少しやってみてから判断してみてはどうか」と言った。これには私も参ってしまった。

つぎの分析の日までに私はまったく思ってもみなかった不思議な夢を見た。それはまるでひとつの物語のようでそれ自身面白かったが、意味はわからなかった。しかし、分析家に報告し、内容について連想を重ねてゆくと、連想のときに自分の語る言葉が鍵となって、夢の様相が変化し自分の重要な問題点と重なり合ってくる。ジグソーパズルの駒がピタリピタリと収まって、絵が浮かびあがってくるようであった。初回夢(initial dream)というのは、うまくゆくと、このように本人の過去から未来にかけての展望を示すような性質をもつが、私は典型的な初回夢の経験をしたようである。博士が「お前は東洋と西洋の間にたって、実に貴重な貢献をすることになるだろう」と言ったのを、今もよく覚えている。

このような経験を重ねつつも、私の「科学主義」はなかなかひるまず、「ユング心理学の非合理性」についての攻撃を続けた。分析の時間はしばしば討論の時間となった。今からふり返って、シュピーゲルマン博士に感謝するのは、私のしぶとい抗議を嫌がらず、すべて受けて立って正面から話合ってくれたことである。あるとき彼は、「お前のものごとを疑う力の強さは大変貴重なものだから、一生無くさずに、あらゆることを疑い続けるといい」と言ってくれた。この助言は今もなお生きているようである。

クロッパー、シュピーゲルマン両先生の推薦を受けて、私はスイスのユング研究所に留学することになった。一年半もアメリカに留学したのだから「十分に箔がついている。そこで、スイスに三年も行くと出世の機会を失う」と熱心に忠告して下さる人もあった(当時の留学はこのような感覚でなされていた)。しかし、私はここでもっと徹底して道を窮めないと、ほんとうに他人のために心理療法ができるほどにはなれないことをよく知っていた。まだまだ未熟であった。

スイスでは、マイヤー先生とフレイ先生と男女二人の分析家についた。二人の分析家につくことは一長一短だが、「自我の強化に役立つ」とフレイ先生に言われたことがある。西洋人に比して私の自我をもっと強化すべきだと思われたことは、今から思うとよく了解できる。スイスでは私の分析体験は一段と深くなり、浅薄な科学論争をする必要はなかった。ただ、ユング派の分析家のなかに合理的思考力の弱い人が居る事実は、見逃すことができなかった。幸いにも私の分析家は二人共そんなタイプではなかった。

学問と人間

ユング研究所で学び、分析体験を重ねながら明確にわかってきたことは、ユング心理学においては学問と人間とが切り離せない、ということであった。そして、この点が、私がユング心理学に惹かれていった大きい要因のひとつであると思う。ユングの心理学はユングという人と切り離して語ることができない。

『無意識の発見』という名著を書いたエレンベルガーは、深層心理学の場合、その理論と理論の創案者の人間の在り方は不可分であるという立場をとり、そのような姿勢でこの書物を書いている。そして、フロイトやユングの理論の生まれてくる中核に、彼の言う「創造の病い」(creative illness)を置いているのは、まさに卓見と言うべきである。

ユングの創造の病いの体験については拙著『ユングの生涯』を見ていただきたい。精神病圏のレベルに達する深い無意識の作用を受けながら、それを克服する努力をするなかで、彼の普遍的無意識や元型の理論が生まれ、彼自身の神話やマンダラが見出されてゆく。そのなかで、彼の心理学の理論が徐々に形成されてきたのである。

ユングが自分の独自性を打ち立ててゆく際に、先達としてのフロイトとアドラーのことを考え、両者のどちらが正しいかを判定するのではなく、人間のタイプの相違ということを考えついたのは注目すべきことである。外向―内向ということだけではなく、それと四つの心理機能と組み合わせることを考えたわけであるが、私はユングのタイプ論が好きで、これによっていろいろと考えたものである。

分析を受けはじめたころは、自分自身のタイプを内向的思考型と思っていた。そして、その線に沿って自分のことを分析していたが、次第に内向的直観型と思うようになった。ユング派の分析家に、これは一番多いタイプであると思われる。ユングもそうであったろうと思う。一般に「直観」というものは、あまり評判がよくない。私自身も自分のせっかくの直観を根拠のないこととして斥け、失敗をしたことがあったが、今では自分の直観に相当の信頼をおいている。ユングのタイプ論は、今後まだまだ新しいことを発見してゆく余地のあることと、私は思っている。

タイプ論にも見られることだが、二つの対立する考え方や立場などのどちらが正しいかを断定せず、両者の補償作用によるダイナミズムに注目し、常に全体的《ホーリスティック》にものごとを見ようとするのが、ユングの考えの特徴であり、それはまた彼の人間性の在り方を反映している。ユングという人は一筋縄でとらえられない、普通では両立し難いようなものを多く内在させて生きていた人らしい。

ユング研究所留学中は、ユングの直接の弟子に接したので、ユングは今も生きているのかと思うほど、ユングという人の魅力について生き生きとした話を聞くことができた。ユングと同一化しているような人が多いなかで、私の分析家のマイヤー先生のみは、ユングとの適切な距離をもって語る感じがあって、嬉しく思った。同一化がひどい人の話を聞くと、どうしても私の生来の懐疑癖が頭をもちあげてくるのである。一九六二年にスイスに留学したのだが、ユングはその一年前に死亡し、私は直接には会ったことはない。残念と言えば残念だが、これも運命というものだろう。

もしユングに直接会ってみれば、あれほどの人物だから私も強い同一化の傾向をもち、それ以後の私の人生の展開も少しは変っていたことだろう。はじめに述べたように、私がユング派の分析家になったきっかけは、いろいろと偶然の重なりとも言えるし、全体としてみると大きい必然の動きとも言うことができる。私がユングに会い損なった事実も、そのなかのひとつに考えていいであろう。

ユング心理学の特徴

ユング心理学は、その人の生き方と心理学が重なってしまうので、ユングのことを述べているうちに自分自身のことが入りこんできたりして記述がおかしくなってしまう。しかし、これも致し方のないことである。一人一人が「自分の」ユング心理学を構築すればいいとさえ言うことができる。ユング心理学の根本は「個性化」(individuation)ということだから、ユングの言うとおりに従おうとする人はユング派ではない、と言えるわけだ。ユング心理学の特徴の最大のこと——と私は思っている——は、堅固な体系を真理として提示することではなく、人間の心、ひいては生き方に対する根本姿勢を問うていることである。簡単に言ってしまえば、人間をその意識することだけではなく、可能な限りその全存在を尊重し、そこに生じてくることを可能な限り受けいれようとすること、と言えるだろう。

フロイトが父親との関係にこだわらざるを得なかったように、ユングはその母親という存在に強い関係を感じていたようだ。そんなことから直接的に導き出せることではないが、西洋の近代における極端な父性原理の強調のなかで、ユングは珍しく母性原理の意義について考えた人である。先に述べた「全体性」や「全存在」などということも、これに関係してくる。

父性原理は「切断」の機能をもつ。西洋近代に強調された父性原理によって、近代科学や個人主義が生まれてきた。そこにおいては、他から自立した「自我の確立」が極めて大切な目標となった。自我＝意識の強調に対してフロイトが無意識の重要性を提起したことは革命的と言ってもいいことだが、彼はその無意識をいかにして自我のコントロール内に置くかを熱心に考えた。彼の心理学は従って、父性原理のもとに築かれてゆく。

ユングは母性原理にも注目し、自我を超えて人間を全体として見ようとした。というよりも、彼自らが体験した幻覚などは容易に自我によってコントロールできるものではなく、心を全体として扱わざるを得なかったというのが妥当であろう。そこで彼が重視せざるを得なくなったのが、イメージである。ユングの重視するイメージについては、本文の「心像と象徴」のところを読んでいただくとよくわかるだろう。

本文にもユングの「理念の特徴が、その明確さにあるとすれば、原始心像の特徴はその生命力にある」という言葉を引用しているが、人間の心を全体的にとらえようとすると、イメージによることになり、それは生き生きと語ることができるにしろ、明確さに欠けることになってくる。前述したように分析家のシュピーゲルマン博士と「論争」したときに、ユング派の人には「うさんくさい人」が多いと言ったことがある。現在でも、ユング派は「うさんくさい」ので嫌と思っている人は多いことだろう。人間存在というものがそもそもうさんくさいので、これはある程度致し方ない、と私は思っている。その「ある程度」がどのくらいか、自分のうさんくささをどの程度自覚しているかが大切なことだ、と今は考えている。

ユング心理学の特徴のひとつに、事象を継時的に見て因果関係を知ろうとするだけではなく、共時的に見て全体的な布置《コンステレーション》を読みとろうとするところがある(本文では、ユングの言うsynchronicityを「同時性」と訳しているが、その後は「共時性」という訳にしている)。共時性についてアメリカ留学中に知ったとき、これはユング心理学というだけではなく、今後の科学を考えてゆく上で極めて重要なことと思った。ただ、この考えは誤解を招いたり無用な攻撃にさらされたりすることも多いので、本文においては軽く触れる程度にしている。その後、一般にもある程度受けいれられるようになって私の考えも発表するようにした。

フロイトが人間の心の発達を性心理学的に見て、成人に至るまでの発達段階を設定したことは周知のとおりである。ユングはむしろ、人生の中年以後の方に焦点をあて、死をも射程に入れた心理学を構築しようとした。幼いときから「死」について考え続けてきた私にとって、こんな点でもユング心理学は魅力があった。従って、ユング心理学は宗教との関連性が強くなってくる。この点も非常に重要であるが、本文では自分の力量の限界を考え、あまり触れなかった。この点についても時と共に徐々に論じることになった。

ユングの心理学を深く理解しようとすると、キリスト教ということの重みを痛感させられる。キリスト教がほんとうに自分の身についていないと、ユングの言うとおりの彼の説を理解するのは極めて困難に感じられる。キリスト教徒ではない私は、そのような厚い壁の存在を実感することが多かった。はじめに述べたようにユングの心理学は、その人の生きる在り様と心理学を簡単には切り離せないからである。これも既に述べたように、ユングの心理学を人間の生き方の根本姿勢を問うもの、と考えることによって、私は「ユング派」であると思っているし、「私なりの理解」によって「ユング心理学」を語っていると思っている。これも致し方のないことである。

最後に、ユングが非常に重要と考えた「自己」について少し述べておく。キリスト教徒ではない日本人がユングの説を好きになるとき、ユングの「自己」の考えに強力な接点を感じるようである。私自身もそうであったし、本文にはそのようなニュアンスを感じさせる記述もある。しかし、その後の長い経験のなかで、「自己」に対する精密な検討が必要と感じはじめた。この点に関しては、稿をあらためて〔本コレクションの『心理療法序説』と『ユング心理学と仏教』参照…編者注〕ユングの「自己」についてあらたに論じてみたいと思っている。

目　次

第一章　タイプ

一九〇七年フロイトと初めて会ったユングは、彼の協調者としての道を歩むが、早くも一九一二年、彼の発表した『リビドーの変遷と象徴』において、両者の相違は明らかとなり訣別する。フロイトと別れたユングは自分の道を求めて苦闘するが、その後最初に発行された本が、人間のタイプについて述べたものである[1]。これはユング自身が語っているように、彼の進む道がいかにフロイトやアドラーと異なっているかを位置づけようと努力した結果、生じてきたものである[2]。ユングはフロイトとアドラーの相違は、彼らの事象に対する基本的態度の相違であると考え、そのような異なるタイプについて記述しようと試みた。これは事象に対する個人の意識的な態度を取り上げている点で、ユングが後に、無意識内の心的過程を明らかにすることに力を注いだのに対して、重要な意味をもっている。無意識の心的内容の問題を取り上げる前に、このように個人の意識的態度について考慮せねばならぬことを、これは示唆している。ユングは、このような意識的態度を問題としつつ、つねに無意識の補償作用(compensation)について考慮を払っており、この両者の相補性と、心の全体性への強い関心は、彼の生涯をかけて研究しようとした自己(self)の考えを明らかに内蔵していて、彼のタイプに関するこの著作の重要性を示している。

ユングの用いた内向(introvert)・外向(extravert)の言葉は、誰知らぬものがないほど有名であるが、彼の本来の考えはあまり理解されていないようにも思われる。次に彼の考えに従ってタイプの問題を述べてゆこう。

1 人間の類型

人間の性格や気質を考え、そのなかに類型を見いだそうとすることは、遠くヒポクラテスの気質論から、現在のクレッチマー(E. Kretschmer, 1888-1964)やシェルドン(W. H. Sheldon, 1898-1977)に至るまで数多くの試みがある。しかし、類型論による人格研究については、多くの批判や混乱が存在しているので、ユングの考えを述べる前に、この点について考えている点を述べてみたい。

まず、タイプを分けることは、ある個人の人格に接近するための方向づけを与える座標軸の設定であり、個人を分類するための分類箱を設定するものではないことを強調したい。

類型論の本を初めて読んだようなひとがおかしやすい誤りは、後者のような考えにとらわれてしまって、すぐに人間をA型とかB型とかにきめつけてしまうことである。こうなると個々の人間は分類箱にピンでとめられた昆虫の標本のように動きを失ってしまって、少なくともわれわれ心理療法家にとっては役立たないものとなってしまう。実際、完全に内向とか、完全に外向とかいったひとは、(少なくとも正常者においては)考えることができない。類型学を一つの座標軸と考えると、むしろ軸上に存在したり、ずっと静止していたりするひとはまれであり、軸からのずれや、軸を一つの基点としてその動きを追跡することによって、個人の特性をみてみようとするものであって、この点はるかに実際的である。また、この軸の設定法が、ユング、クレッチマー、あるいはシェルドンによって少しずつ違い、ある個人を記述する場合、どれかの座標が他のものよりも都合がよいという場合もあるわけである。

次に、人間の基本的態度(basic attitude)と外的に観察しうる行動(observable behavior)との関係の問題について考えてみたい。この両者の関係の複雑さのために、類型学においても多くの混乱が生じていると思われるからである。すなわち、多くの類型学者、とくにヨーロッパにおけるひとびとが、人間の基本的態度のほうに、意識的・無意識的に強調点をおこうとしたのに対して、今世紀における客観主義の強調と相まって、とくにアメリカでは、観察しうる行動に重点をおこうとする研究が多くなってきた。しかし、この基本的態度は外的行動と必ずしも一対一に対応していないという複雑な問題を有している。たとえば、内向的態度のひとは必ずひとづき合いが悪いとか、行動的でないとか、簡単に行動におきかえていうことができないのである。といっても、基本的態度を説明するには、結局何らかの観察しうる行動を記述する言葉を用いねばならぬという困難がつきまとう。このため基本的態度を説明する言葉を全体として一つの布置を示すものとしてみず、一つ一つの言葉を切り離してみるようなことをすると、一つのタイプを記述する言葉のなかに、矛盾するようなものを見出したり、異なるタイプの間に同じような記述の言葉を探し出したりすることができる。

これは、硬い行動主義の観点からすると不可解に思われようが、このようなことが起こるのも、さきに述べたような基本的態度と外的な行動のずれから生じてくる結果でいかんともしがたい。類型学、あるいは性格学におけるヨーロッパとアメリカの相違はまた、ロールシャッハ(H. Rorschach, 1884-1922)がそのテストにおいて中心概念として取り上げた経験型の考えが、アメリカでほとんどかえりみられなくなった事実にも認められる。あるいはユングの内向—外向の考えをもとにしているように見えながら、質問紙法(いわゆる向性検査)によって測定される向性は、ユングのそれと似て非なるものとなっていることも、前述の点に大いに関連している。この点、われわれは人格の類別について考えるとき、それが前述した二つの観点のどちらに強調点がおかれているかに注意すべきであると思われる。

次に、なお類型論を混乱させる大きい要因としては、ユングがつとに指摘している人間の心の相補性の問題が取り上げられねばならない。すなわち、人間の心自身に、そのタイプの一面性を補償しようとの傾向が内在しているため、そのひとの行動の皮相的な観察や、本人の主観的判断にのみ頼るときは、問題をますます混乱させてしまうと考えられる。思慮深いと思われるひとが急に感情を爆発させたり、ひっこみ思案と皆が思っているひとが、多人数の前で平気で歌をうたってみたりする例は、探し出すのに苦労しない。これらを、単純に目立った行動のみで判断してゆくのはむずかしいことである。

実際、外的行動のみで簡単に判断しがたいような基本的態度を問題にする必要はないように思えるが、心理療法に従事するものにとっては、むしろこのほうが有用性が高いのである。それは、このような基本的態度を問題にしようとする場合、こちらの主体性を関与させてゆき、外的行動よりも深いレベルまで視野を広げようとの態度が必要となり、これは客観科学的よりもむしろ現象学的な接近法へと近づいてくるためである。このことは、ヨーロッパ流の類型学がアメリカの実験心理学者(したがって日本の心理学者)に不評判であるにもかかわらず、実際生きた人間にあたっている精神科医や、心理療法家に、すてがたい魅力を感じさせる理由の一つであると思われる。アメリカにおいても、実際の臨床家であるマンロー(R. Munroe, 1903–)は、その精神分析諸学派についての大著において、ユングを紹介したなかで、アメリカの学生も、もう少しユングの本を読んでくれると、テスト結果をすぐに行動的な特徴に直接結びつけたりせずに、基本的な傾向(underlying trends)を感じとらせることに、これほど自分も苦労しなくてもすむのだがと嘆いている。(3) そして彼女も、この人間の基本的傾向と観察しうる行動のずれを指摘し、ロールシャッハ・テストによって明らかにされるのは、むしろ前者のほうであることを強調している。(4)

以上のように述べてきたが、もちろん、このように把握された態度と行動が無関係であるという気持はない。そして、実際には、基本的態度としてユングの考えた内向―外向の概念が、toughminded(硬い心)型の心理学者の驍将アイゼンク(H. J. Eysenck, 1916–)によって承認されている事実は、(5) 真に注目に値する。

今まで述べてきた点を考慮にいれながら、ユングの類型学をみてゆきたいと思う。

2　一般的態度、内向―外向

フロイトとアドラーの相違を、ユングは両者の基本的態度の相違によるものと考えた。すなわち、フロイトは人間の行動を規定する要因として、その個人の外界における人間や事件を考えるのに対して、アドラーでは、そのひとの内的な因子、つまり権力への意志を重要視している。このように、同じ事象をみても、それに対する態度が異なると、考え方も、見方も変わってくる点に注目して、人間には異なる二つの一般的態度があるとユングは考えた。つまり、あるひとの関心や興味が外界の事物やひとに向けられ、それらとの関係や依存によって特徴づけられているとき、それを外向的と呼び、この逆に、そのひとの関心が内界の主観的要因に重きをおいているときは、内向的といい、両者を区別した。ユングの言葉を借りると、次のとおりである(6)。

世のなかには、ある場合に反応する際に、口には出さないけれど「否」といっているかのように、まず少し身を引いて、そのあとでようやく反応するような一群のひとびとがあり、また、同じ場面において、自分の行動は明らかに正しいと確信しきって見え、ただちに進み出て反応してゆくような群に属するひとびとがある。前者は、それゆえ、客体とのある種の消極的な関係によって、また、後者は客体との積極的な関係によって特徴づけられている。……前者は内向的態度に対応し、後者は外向的態度に対応している。

新しい場面に入るときの行動によって、両者の相違が特徴的に出てくる。こういった場合、外向型のひとはつねに適当に行動できるのに対し、内向型のひとはどこか、ぎごちない感じがつきまとう。外向型のひとは、それほど深く考えないのに、適当に話しかけ、適当に黙り、まるでその場面に前からずっといたかのように、全体の中にとけ込んでふるまうことができる。内向型のひとは、当惑を感じ、こんなことをいっては笑われるかもしれぬと思って黙り、ときには、「こんなときは、にぎやかにしなければならない」などという考えにとらわれて、馬鹿げた行為をしてしまって、あとで一人後悔してみたりする。このように外向型のひとが、新しい場面において能力を発揮できるのに対して、内向型のひとは、自分にとって気の合った、親しい環境のなかで、その能力を発揮できる。新しい場面では、無能力者のように見えたひとが、だんだんと場面に慣れるにしたがって、徐々にその能力を示してきて、他のひとを驚かすほどの深さを示すような例を、われわれは思い浮かべることができる。

外向的なひとは一般に、子どものときに得をすることが多い。幼稚園や小学校などの新しい環境にすぐ適応し、先生や大人たちの考えを感じとって行動し、不安をあまり感じないで、新しい場面に積極的に働きかけてゆく。もっとも、外向性があまりにきついときは、外界に対する興味の度合いがすぎて、危険なことをしたり、動きすぎたりして、おとなしい子どもの好きな先生には、目ざわりになるときもある。これに対して、内向的な子どもは、幼稚園や小学校の低学年で困難を感じることが多い。彼らは友人をつくりにくく、先生にもなじみにくい。ゆたかな才能をもっていても、それを伸び伸びと出すことができず、それはときに、変なものとさえ見られやすい。このために、内向的な子どもは先生や親の心配の種になるが、これは実のところ、別に何も心配すべきことではない。むしろ、このときに大人たちがその性格を矯正しようと努めたり、異常であるときめつけたりすることによって、発達の過程を歪められる場合が多いように思われる。このような外界の圧力にもかかわらず内向的で才能のあるひとは、徐々に自分の世界を広げて立ち上がってくるが、その世界はやはり偏ったものとなっていて、深い知識をもっていながら、その偏りのために自分をも他人をも悩ましているひともある。外界の圧力に抗して、偉くなってから、他人をいじめ、世間を攻撃することによって、昔、自分が外界から受けた傷の仕返しをしているようなひともないではない。ともかく、教師が内向的な子どもを、それも一つの正常な人間のあり方として受けとめて、長い目で育ててゆくことは、このような偏りをなくするため非常に大切なことと思う。

外向的なひとは、一般的にいって社交的で、多くのことに興味をもち、交友関係も広い。その適当な考えと行動は、多くのひとがスムースに関係をもち、実務を遂行してゆくための大きい基礎となっている。しかし、外向的なひとの考えは、とかく皮相的になることも多く、月並なことになりがちである。他のひととのつながりを背景として、適当に自信をもって行動しているが、ときどきは少しの外的障害につまずいて、もろさを示すこともある。この点、内向的なひとが過度に自己批判的で、自信なさそうに見えながら、いったん思いこむと少々の障害にはたじろがない態度をとるのと好対照をなしている。内向的なひとは、親しい自分の領域以外では、とかく客体との関係がスムースにゆかない点に特徴がある。なかには、自分自身の内的な充足にのみ心がけ、それを外部に伝えることに無関心になっているようなひとさえある。

これら二つの一般的態度は、もちろん完全なかたちでは存在せず、普通は、これら両方の態度を共に持ち合わせている。しかし、大体はどちらかの態度が習慣的に現われ、片方は、そのかげに隠れている場合が多い。このため、ある一人のひとを、外向型とか内向型とか、類別することも可能になってくる。この二つの型は、生まれつきの個人的素質に帰せられると、ユングは考えた。その証拠として、この両者が社会的階層の差や性差などに無関係に生じること、このような傾向が非常に小さいときから認められること、および、その個人の素質による態度を逆転させると、はなはだしい疲労現象が現われ心の健康が害されること、の諸事実をあげている。ユングの説に全面的に賛成するかどうかはともかくとして、最後にあげた点は注目すべきであると思う。実際、神経症の患者のなかに、その環境の強い圧力によって、自分の根本的態度を歪めているためと考えられる事例が、ときに見受けられるからである。外向型の両親に育てられた内向型の子どもとか、内向型の両親のもとに生まれた外向型の子どもなどが、両親の態度を取り入れようとして苦労し、ある程度は成功しながら、結局は、どこかで障害が生じてくるような例や、内向の国日本から、外向の国アメリカに渡った留学生が、一所懸命にアメリカの生き方に順応するように努力し、外的には成功しながら、神経症的な症状に悩んでいる例などをあげることができる。

環境の圧力について述べたが、これに関連して、一つの集団(家庭、社会、時代精神等)が、どちらか一方の態度に高い価値判断をおく傾向のあることを指摘しなければならない。たとえば、ユングも指摘するごとく、西洋においては、むしろ外向的態度を好み、これを社交性に富むとか、適応がよいとかの肯定的な言葉を用いて叙述するが、内向的態度は、自己中心的、むしろ病的であるとさえ考えられる。これは、ヴァイニンガー(O. Weininger, 1880-1903)が、その性格論のなかで、内向的性格に注目しながら、それを自己性愛的とか、自己中心的と呼んだこと(7)や、フロイトにとっては、内向的とは自閉的と同じような意味をもち、病的なものと考えられていたことにも表わされている。実際、アメリカにおいては、introvert(内向的)という言葉は、一般には変人、不適応者という意味を含んだ感じで受け取られるほどである。これらに対して、東洋では、少なくとも近世までは、内向的態度が高く評価されてきた。かくて、東洋はその内的な豊かさと、物質的貧困とを享受することになったが、近年に至って西洋の文明の進歩に魅せられるあまり、少なくとも日本においては、外向的態度を高く評価する考えのほうが強くなってきたともいえる。もちろん、これは西洋と比較した場合、伝統的な内向性に対する反作用としての不必要な外向性の強調となったり、内向性の基礎の上にのせられた薄い外向のメッキとして、浅薄なものとなったりはしているが、ともかく、このように世界の全体的傾向として、外向的態度を重要視する事実が認められるのに対して、ユングの心理学は一つの反旗をひるがえしたものとも考えられ、また、それゆえにこそ、心理療法に有効な意義をもっているとも思われる。

次に、内向・外向の態度がつねに一面的な行動によって貫かれているとは限らないことを指摘したい。たとえば、ふだんは大きい声で返事もできぬほど控え目なひとが、満座のなかでカッポレを踊ったり、いつもはにぎやかにパーティの気分を盛り上げるひとが、わけもなく急に沈み込んでしまったりする例を、われわれはしばしば経験する。このことを説明するため、ユングは意識の態度に対して、無意識の態度を考え、この両者は補償的関係にあるものと考えた。すなわち、意識の態度が一般に外(内)向的なひとは、その無意識の態度が内(外)向的で、もし意識の態度が強調されすぎると、後者がそれに対して補償的に働くのである。そして意識の態度の一面性があまりに強いときは、無意識の態度は、ときに意識の制御を破って病的な性格をもって出現することが認められる。実際、このような観点から、ユングは外向型のひとの神経症にヒステリーが、内向型のひとに精神衰弱症(psychasthenia)が多くみられることを説明している。

すなわち、ヒステリーは外向型のひとの特徴として、他人の注意を自分にひきつけ、他人に強い印象を与えようとの自己顕示性の傾向や、外界からの影響を受けやすいという点で、被暗示性が高い点が認められる。また話し好きで、他人に気に入られたいために、ありもしないことを喋ることもある。しかし、この外向的な一面性に対する反作用として、肉体的な障害という手段を用いて、外へ向きすぎた心的エネルギーを無理に内に向けようとする無意識の側からの動きが生じ、その症状は複雑化する。そして、内向的な性格を帯びた空想活動が盛んとなったり、まったく他を顧慮しない自己中心的な態度をとったりするようになる。

また一方、内向型のひとの神経症として精神衰弱症があげられる。これは、内向型のひとが客体との関係を努めて断ち切り、客体の価値を低く見ようとすればするほど、その無意識の態度は客体のとりことなってしまう。その内的な相克の戦いのために、自らを消耗してしまうのである。一般のひとが求める名声や地位などをまったく無視して、自分はそれなどに無関係に優位であると確信していながら、その無意識の心の動きは、無視したはずの名声や地位を求め、そのひとは不愉快な興奮を経験することになる。そして、このひとは外的には別に何も行動しないのに、その内部の戦いで神経症になってしまう。この病気の特徴は、一面における神経の異常な敏感さと、他方、非常な疲れやすさによる、鈍感とさえ思われるような動きのなさとして現われる。

今まで述べた点から考えると、個人の行動が意識的な態度の表われか、無意識的な態度のそれかを区別せずに取り上げる場合は、その個人のタイプを決定することが非常にむずかしいことがわかる。そして、これには観察者自身の型もからみ合っていて、この点について、ユングは次のように述べている(8)。

一般的にいって、判断に頼る観察者は意識的な性格を把握しやすく、知覚的な観察者は無意識的性格のほうによりよく影響されるだろう。つまり、判断は主として、心的過程の意識的な動機のほうに関心を持つのに対し、知覚はたんなる現象を記録するものだからである。

結局、無意識の態度による行動は、どこか偶発的で無制御であり、幼児的であったり、ときに異常な、あるいは病的な感じがしたりするので、このことによって、意識の態度による行動と区別することができ、これら両者の行動を区別してはじめて、あるひとの型が判定できるわけである。

3　四つの心理機能

今まで述べてきた二つの一般的態度とは別に、各個人はおのおの最も得意とする心理機能をもっているとユングは考えた。心理機能とは、種々異なった条件のもとにおいても、原則的には不変な、心の活動形式であって、ユングはこれを四つの根本機能、すなわち、思考(thinking)、感情(feeling)、感覚(sensation)、直観(intuition)に区別して考えた。たとえば、一つの灰皿を見ても、これが瀬戸物という部類に属すること、そして、その属性のわれやすさなどについて考える思考機能、その灰皿が感じがいいとか悪いとかを決める感情機能、その灰皿の形や色などを的確に把握する感覚機能、あるいは灰皿を見たとたん、

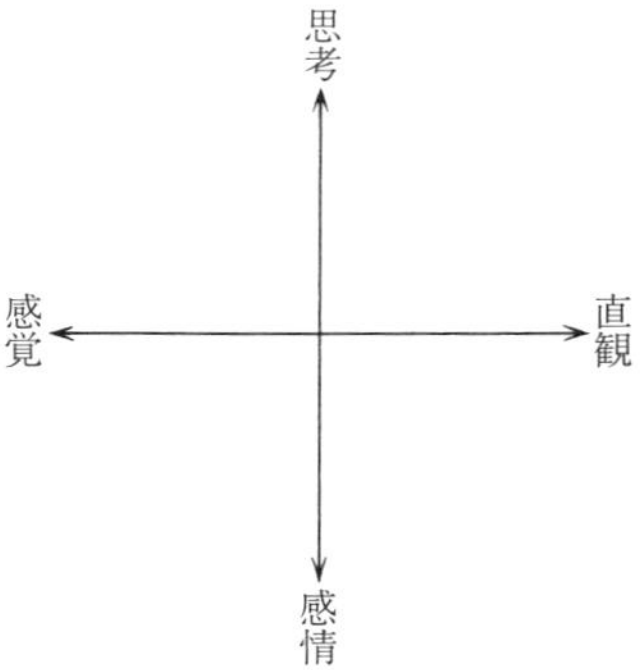

図1

幾何の円に関する問題の解答を思いつくような、そのものの属性を超えた可能性をもたらす直観機能、これらはおのおの独立の機能であって、ある個人が、これらのうちのどれかに頼ることが多い場合、それぞれ、思考型とか感情型とかであると考える。これに前節に述べた態度が結びつくので、内向的思考型、外向的思考型というようにして、八つの基本類型が出来上がる。そして、一般には、これらの基本類型の中間に属するひとも多いわけである。

　これら四つの機能のうち、図1にも示したように、思考と感情、感覚と直観とは対立関係にある。つまり、思考機能の発達しているひとは感情機能が未発達であり、逆に感情機能が発達しているひとは思考機能が発達していないという関係にある。これは感覚と直観についても同様である。実際、思考力が高いひとが、一つの絵画を前にして、その好き嫌いや感じを表明するよりも、まず「わからない」と考えこんでしまう例や、誰かと話をしていて、その会話から直観的に素晴らしいことを思いついたひとが、その相手の服装や、場所、はなはだしいときは相手の名前まで覚えていないなどという例を、しばしば経験する。このようにある個人が主として依存している心理機能を主機能(main function)、その対立機能を劣等機能(inferior function)という。ここで、劣等機能とは未分化なものをさすのであって、弱いものをいうのでないことに注意すべきである。むしろ劣等機能は未分化ではあるが強いとさえいいうる。たとえば、すべてを知的に考え、感情をまじえずに事を処理してゆくことを得意とする思考型のひとが、何かつまらぬ美談に感激してしまって涙を流したり、皆が驚くような浪花節的な同情を示したりするとき、これはたしかに強くはあるが、未分化な反応というべきである。これは未分化な劣等機能が突然に、制御をこえて現われたと考えられる。実際、劣等機能というものは、ときどき、われわれの制御をこえて働き、われわれを驚かし、おびやかすものである。これらの関係については次節において、詳しく述べる。

感覚と直観は、まず何かを自分の内に取り入れる機能であるのに対し、思考と感情は、それらを基にして何らかの判断をくだす機能であるとも考えられる。事物の色や形、あるいは何かの思いつきは、まったく文句なしに存在するが、思考や感情は、それについて概念規定を与えたり、良し悪しを判定したりする。この点から考えて、ユングは思考と感情を合理機能(rational function)、感覚と直観を非合理機能(irrational function)とも呼んでいる。この場合、非合理とは理性に反しているという意味ではなく、理性の枠外にあるという意味である。直観と感覚は、現われてくるかぎりの事象を、ともかくそのまま知覚することを本領としており、それに方向づけを与えたり、法則に照らし合わせて取り上げることをしないということである。ここで、感情を合理機能と考えるのは不思議に思われようが、ユングのいう感情機能は、あとにも述べるように、好き嫌い、美醜の判断の機能をさしており、これらの判断はある個人にとって、一つの体系なり、方向づけをもっている。このような意味において、これを思考と共に合理機能と呼んでいる。実際、思考型や感情型のひとは、自分の思考体系や、感情の体系を強くもちすぎているために、現実をそのまま認識できなかったり、困難を感じたりする。このひとたちの発する典型的な質問は、「どうして、そんなことをうまく思いついたのか」とか「そんな馬鹿げたことがどうして起こりうるか」とかである。そして、直観型のひとや感覚型のひとの答は簡単である。「ともかく思いついたのだから」、「ともかく起こったのだから」しかたないのである。いくら非合理であると嘆いても、現実はともかくそうなのだから(just so!)しかたないことを、思考型や感情型のひとはときに忘れてしまうのである。これで、一応全般的な説明を切り上げて、次に各機能について、個別的に述べてゆきたい。

(1)思考　ユングは思考を、「その固有の法則に従って、与えられた表象内容に概念的なつながりをもたらす心理機能である」(9)と述べている。そして、思考はその対象としての、感覚によって知覚される外的な事実や、心の内部の無意識的主観的なものに依存しているが、前者の要素が強い場合は外向的思考であり、後者の場合は内向的思考である。

外向的思考型のひとは、自分の生活を知性の与える結論に従わせようと努めている。そして、その考えの方向づけは客観的な外的事実によってなされる。このようなひとが内的なこと、哲学や宗教を問題にしているときも、結局は周囲のひとびとの考えを基にしたり、取り入れたりしている場合が多い。新しい独創的な考えよりも、一般に受け入れられる考えの図式を作り上げ、例外を許さぬ態度によって、これを守ろうとする。これがうまく行われるときは、実際的な問題について、よい組織を作り上げたり、社会に役立つ理論を提供するひととなるが、この図式が固くなるにしたがって、わかりきったことでも必ずしゃべりたがる一言居士や、他のひとも自分と同じように考えていると決めこんで、一つの型にはめこもうとするようなひととなる。この型のひとは、感情を抑圧している点が特徴的で、芸術や趣味、友だちづき合いなどを軽視する。これらのことを抑圧しがたくなった場合でも、自分の思考の図式のなかにそれを取り入れようとしていることが容易に認められる場合が多い。つまり、あくまで趣味と実益を兼ねる趣味だとか、考えることを主体とする趣味などを取り上げているからである。さて、感情があまりにも抑圧されているときは、ときに本人の意識的な制御をこえて表面に現われることがある。たとえば、つねに論理的・合理的であることを誇りとする学者が、自分と反対の学説に関しては、まったく感情的反発としか思われない言動をしたり、道徳の守護者といいたいほど堅い道徳観をもって行動していたひとが、誰が見ても下品と思われる女性に魅せられて、破廉恥な事件にまき込まれたりすることがある。これほどにひどくないにしても、一般に堅い外向的思考型のひとは、その例外を許さぬ態度や、息抜きとしての未分化な感情反応によって、家族を苦しめていることが多い。

内向的思考型のひとは、新しい「事実」についての知識よりは、新しい「見解」を見出すことを得意とする。ユングは、内向的思考型の代表としてカントをあげ、外向的思考型のダーウィンと対照せしめている。この種のひとの思考の深さは、ときにまったく独創的な体系として輝きを発するが、また、ひとによってはまったく伝達不能のひとりよがりに堕してしまうこともある。この伝達のむずかしさによるいらだちが、彼の未分化な感情反応と結合して、異常に破壊的・攻撃的な考えや、行動となって現われる場合もある。あるいは、感情反応が攻撃的なものとならず、素朴な無邪気さとして現われ、いわゆるオッチョコチョイといった態度になる場合もある。ごく親しい、よく理解してくれるひとに対しては、その考えの深さは尊敬の的となったり、強い感化を及ぼすことにもなるが、一般には、このようなひとは良い教師にはなりがたい。だいたい、教えることそのものに興味をもっていない場合が多いのである。内向的思考型のひとの変わった感じを如実に示すものとして、ショーペンハウアーの愉快な逸話がある(10)。ある日、彼は瞑想に耽ったまま、公園の花壇の中に入り込んでしまっていた。これを見て、園丁が、あなたは自分のしていることがわかっているのか、自分がだれだかわかっているのか、とどなった。「ああ——、その答がわかってさえいれば！」とショーペンハウアーは答えた。

(2)感情　感情機能は、ユングによると、与えられた内容について、これを受け入れるか斥けるか、一定の価値を付与する機能である。したがって、一つの判断作用であるが、思考が概念的なつながりを与えようとするのに対して、好き・嫌いとか、快・不快とか、一義的には主観的な目的で行われるもので、知的判断からは区別される。

外向的感情型のひとは、自分の気持に従ってそのまま生きているが、それは環境の要求するところと非常によく一致しているので、スムースに行動してゆくことができる。ともかく、皆が「よい」と思い「すばらしい」と思うことは、このひとにとってもそうなのである。一般に、思考型は男性に多く、感情型は女性に多いとユングはいっているが、このような外向的感情型の女性は、パーティには欠かせないひとである。多くのひとが何か調和した楽しい雰囲気をかもし出すためには、このような心理機能が非常に大切である。初対面のひとに好感を与え、「適当な」関係をつくることの必要なセールスマンなどとしても、この型のひとは才能を発揮する。実際、この型の女性は、よき社会人、家庭人として、対人関係を円滑にし、機転がきき愛嬌があって、多くのひとに好かれて暮らしている。しかし、あまりにも外向的になると、客体のもつ意義が強くなりすぎ、主体性を失い、感情の最大の魅力である個性がなくなってしまう。こうなると、他人に気に入られようとする努力が、わざとらしく見えたり、その浅薄さが露呈されてきて、やりきれないものとなる。客体の意義が強くなりすぎると、それを引きおろすために、今まで抑圧されていた未分化な思考機能が頭をもち上げてくる。このときは、「それは結局……にすぎない」という断定によって、今まで感情的には重んじていたものの価値を一度に引き下げようとする。「宗教は阿片にすぎない」とか「妻とは性生活を伴う女中にすぎない」とかの言葉によって、今までの価値を踏みにじるのである。いつもは楽しいお喋りの場であるＰＴＡの会合で、誰かがこのような思考機能を働かし始めると、がぜんそれは討論と演説の場となり、劣等な思考機能は感情に支えられて活動する。そして、会員のひとは、何か自分でも気づかなかった新しい才能を発揮したような快感と、けっして見せるべきでなかったみにくい面をひとにさらしたような不快感のまじった気持を味わいながら帰途につくのである。

内向的感情型のひとには、「静かな水は深い」という言葉がいちばんぴったりであると、ユングはいう。外から見ると控え目で、不親切、無感動のようにさえ見られるひとが、深い同情や、細やかな感情をもっていることがわかり、ひとを驚かすときがある。このようなひとは、正しくはあるが、その場面には不適当な判断によって自ら苦しまねばならぬときがある。たとえば、友人の新調の服を、すばらしい、よく似合うと皆で楽しく語っているとき、それが少しもすばらしくないことを(困ったことに、その判断は正しいときが多い)、感じてしまい、何といっていいのかわからなくなったりする。この型のひとは、その深い感情に支えられ、歴史に残るほどの自己犠牲的な行為をしたり、高い宗教性や芸術性を示すこともある。客体との関係があまりにもなくなると、自分の感情判断を押し通すために、わがままとなり、ときには残忍とさえなる。他人に伝えられぬ自分の内的な気持は、子どもへと投影されることも多く、行き場を失った母親の情熱はすべて子どもへと吹き込まれ、この子どもが成長し独立してゆくことを非常に困難にする。かくて、愛情深い母親に育てられた問題児が出来上がる。あるいは自分の気持の表現ができぬことと、劣等な思考とが入りまじって、他人が自分のことをどう思っているのかと思い悩み、何につけても考えこんでしまって、この内面的な戦いに疲れ果て、精神衰弱症になるひともある。これらのひとも、もし自分の感情を表現し、伝えられるグループがあると、そのなかでは暖かい親切なひととして、不変の友情を楽しむことができるのである。

(3)感覚

感覚は生理的刺激を知覚に仲介する機能である。この場合、外向的感覚はわかりやすいが、内向的感覚が存在するかどうか疑わしいと思うひともあろう。しかし、感覚にも主観的要因はあり、外界からの刺激そのものよりも、それをどう受けとめたかという内的な強度が大きい要素となっている場合がある。このときは客体からの働きかけは、たんなるきっかけにすぎなくなる。これはたとえば、同じものを写生させても、ひとによって非常に違った作品を描き出す点にも認められる。

外向的感覚型のひとは、まさにリアリストそのものである。客観的事実を、事実そのままに受け取って、その経験を集積してゆく。これに思考や感情の助けがあまり加わらぬときは、このひとは気楽な、そのときその場の現実の享受者となる。あちこちの料理店の場所や味をよく覚えて、仲間で飲みに行こうというときは、適当な場所に連れてゆき、愉快に楽しむことのできるひとである。これが低級化すると、粗野な享楽主義者となり、異性を感覚を楽しませる対象としてしか考えられなくなったりする。また、洗練されたものとして、上品な耽美主義者となる。また、感情機能と適当に結びついて、音楽や絵画の才能として現われたり、思考機能の助けを借りて、的確にして膨大な資料の蓄積を得意とする学者を生み出すことになる。ともかく、実生活を円滑にしてゆくためには、どうしても必要な機能であるが、これのみにあまり偏るときは、やはり抑圧された直観の被害をこうむることになる。つまり、このように現実的なひとが、何か一つのことに関して、真に非現実的な迷信とさえいいたいようなことにとらわれている例を、われわれは見出すことができる。

内向的感覚型のひとは、内向的直観型のひとと共に、現在という時代においては外界への適応に非常な困難を感じているひとと思われる。この型のひとは外界からの刺激そのものよりは、それによってひき起こされる主観の強度を頼りとしているので、このひとを外から見るかぎり、その行動はまったく不可解に見える場合が多い。皆が美しい花畑と見るものが、このひとには恐ろしい燃え上がる火に見え、小さい一つの目の中に、広い海の深淵をのぞいたりする。そして、これらのひとは、その見たものを適切に表現することがむずかしいので、そのままにしておいて、一般には他人に従って生きている場合が多い。いつもは他人の支配下に属し、従順そのものと見られているひとが、ときに、とんでもないところで頑固さを発揮することもある。しかし、もしこのひとが、自分の内部に見聞したものを、他人に伝えるだけの創造性をもつときは、偉大な芸術家として、その才能を開花させる。そして、この芸術家の描き出した像は、われわれの内部の奥深く作用を及ぼし、われわれは、自分の内部に確かに存在するものを、このひとが描き出すまで、どうして気づかなかったのかと思ったりする。そして、このひとが、その像を作り出したり、考え出したりしたのではなく、まさに、見聞したことをそのまま伝えようとしていることに気づくのである。かつて、画家のシャガールは、空想の世界を描いているといわれるのを嫌って、「私は現実の世界、内的現実(inner reality)を描いているのだ」と答えたという。

(4)直観　これは事物そのものよりも、その背後にある可能性を知覚する機能である。その過程は無意識の道をたどって生じるので、どうしてそれが得られたのか、他人にもわからず、本人さえも説明に困るという厄介な性格をもっている。このため、直観型のひとが、その結論を推論や事物の観察によって得られたように思い込んでいる場合も多い。しかし、その説明をよく聞くと、先行した正しい結論に未分化な思考や観察があとでかぶせられているにすぎないことがわかる。筆者は、かつて典型的な直観型のひとがあるひとの話を聞き、「あなたのいうことはよく理解できないが、ともかく全面的に賛成です」というのに出会ったことがある。理解しないのにどうして賛成できるのかというのは野暮な話である。このような場合、ともかく結論の正しさが第一なのである。感覚が事実性を追求しようとするのに対し、直観は可能性に注目するものである。このため、どんなひとでもまったく八方ふさがりの状況におかれ、他の機能に頼ってはいかんともしがたいときは、たとえ直観が主機能でないひとでも、それが自動的に働き出すのに気づくのである。

外向的直観型のひとは、外的な物に対して、すべてのひとが認めている現実の価値ではなく、可能性を求めて行動する。よい思いつきで特許をとろうとするひと、相場、仲買、あるいは対人関係においては、隠されている情事を嗅ぎつけたり、未完の大器を掘り出したりすることに情熱を傾けるひとなどがある。この直観が思考や感情による判断によって補助されていないときは、この型のひとは、種はまくが、収穫は得られないひとになる危険性が高い。つまり、一つの可能性を見出しても、その仕事が完成しない前に、彼は次の新たな可能性に気をとられて、そちらに行ってしまい、ひとところに腰をおちつけて仕事の成果を楽しむことができない。結局は彼のあとにきたひとがこの成果を得ることになってしまって、直観型のひとは、他人を富ますことに力を傾けながら、自分はいつも貧困に苦しまねばならぬ。このような傾向が強くなると、抑圧されていた感覚機能が制御を破って現われる。これは荒唐無稽な点で感覚型のひとの陥りやすい状態に似ているが、感覚型のひとが、何か宗教的・神秘的なものにとらわれるのに反して、この型のひとは、現実的な事物にとらわれる。それは自分の身体に対するとらわれとしての心気症や、事物に対する無意識の繋縛と考えられる強迫症状や恐怖症となって現われることもある。

内向的直観型のひとも理解されがたく、外界に適応しがたいひとである。自分の内界のなかに可能性を求めて、心像の世界を歩きまわっているひとが、それを他人に伝えるのに困難を感じるのも、もっともなことである。このひとは外界の事象にはひどく無関心で、すべてのひとが最近に起こった事件を問題にして話し合っているときに、「あっ、そんなことがあったかな」とつぶやいたりする。ともかく不可解で非生産的であり、このため、他人の支配下に使われている場合も多い。外側からみるかぎりは、無関心、自信のなさ、不可解な当惑などがみられるのみだから、周囲のひとから過小評価されるのも無理はない。しかし、この型のひとが、自分の得たものを外に表現する手段を見つけた場合(思考や感情を補助として使用する場合が多いが)、独創的な芸術家、思想家、宗教家などとして、輝かしい成功をおさめる。あるいは、その直観があまりに鋭い場合は、同時代のひとびとに見棄てられ、次の時代のひとに拍手される運命を背負う。ともあれ、彼を動かしたものは未来への可能性であるのだから。これほど、極端でないにしても、この型のひとは、自分の内部の一種の独創性に悩まされているひとということができる。これは実際生活にはむしろ都合の悪いものだから、自分の本来の傾向を無視するため、無理に機械的・実際的なことをやろうとして、内的な摩擦のため神経症に陥っているひともある。

以上、四つの心理機能、および八つの基本類型について述べたが、実際には、それほど、純粋な型はなくて、いろいろな機能がからみ合っているものだと、読者の方は感じられたと思う。次節においては、このような点に、もう少し注意して述べてみたい。

4　意識と無意識の相補性

内向的態度と外向的態度、あるいは主機能と劣等機能の相補性については、簡単に言及してきたが、意識の態度が一面的になるとき、それを相補う働きが無意識内に存在することは、ユングがつとに認め、重要視してきたところである。この点について、もう少し詳しくみてみよう。

一例として、外向的直観型のひとを考えてみよう。このひとが直観によって得たものを適切に獲得してゆくためには、必ず思考か、感情機能による判断の助けを必要とする。ここで、もし思考が第二次機能であるとすると、感情は第三次機能で、多分に未分化となり、感覚は劣等機能として、最も未分化なものである。図2を見ていただくと、この関係が明らかになると思うが、この場合、純粋な直観型であると、直観―感覚の軸の傾きがなくなり、思考、感情ともに平等にある程度未分化なものとなる。図示したようなひとは、思考的直観型とも呼べるだろう。また、思考型のひとであれば、たんに考えるのみでなく、その素材を提供するものとして、直観か感覚かを第二次機能としてもっているわけである。この場合、第二次機能の助けがないと、裏づけのないものとなったり、陳腐で退屈な論理

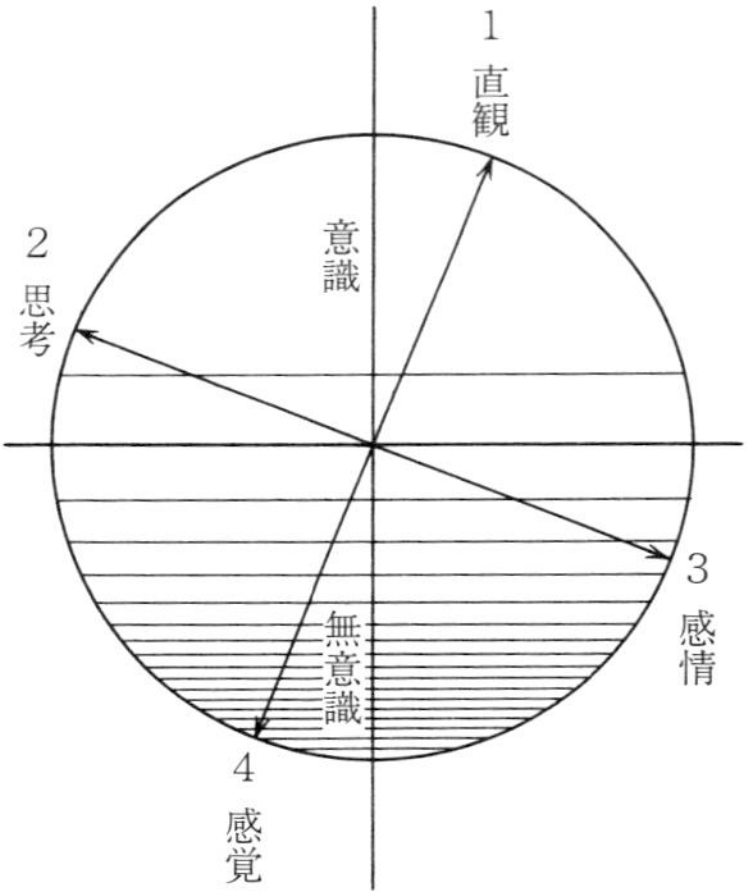

図 2

の遊戯になってしまう。そして、ある個人はその主機能をまず頼りとし、補助機能を助けとしつつ、その開発を通じて、劣等機能をも徐々に発展させてゆくのである。このような過程を、ユングは個性化の過程(individuation process)と呼び、人格発展の筋道として、その研究をし、心理療法場面においても人格発展の指標として用いた。これらの関係は夢分析において特徴的に現われることがよくあり、その例は第五章にあげるが、一例として思考型のひと(二十五歳の男子)の特徴的な夢をあげておく。夢で、このひとはトランプのブリッジをしていた。自分の両隣りは兄と弟であったが、自分の向こう側に坐っているのは見知らぬ女性であった。自分はそのひとと組であって、トランプを始めることになったが、自分の持ち札にはハートがなかった。

トランプ、麻雀など四人で遊ぶ競技は、このような意味をもって、よく夢に出てくる。この夢の詳しい連想は省略するが、連想から兄と弟が、直観・感覚型の要素をもっていることが明らかにされ、「ハート」についての連想では、「情熱、愛情」と答える。この夢は明瞭すぎて解説の必要もないくらいであるが、自分がこれから相手をしなければならぬもの、つまり、感情機能について、自分はあまり知っていないこと(見知らぬひと)、その機能の発展について、女性ということを問題にしていかねばならないことなどを物語っている。それに持ち札に「ハート」が一枚もないとは、真にこの思考型のひとの現在の状況を如実に描き出しているものというべきだろう。劣等機能は見知らぬひとや、ときには抗しがたい怪物の姿をとったりして夢に現われる。現在では、ともかく一芸に秀でることが生きるための近道であるので、主機能が一面的に開発され、劣等機能の抑圧がきかなくなったところで、神経症となり心理療法家を訪れるひとが多い。あるいは、逆に、周囲の期待に応えようとして、主機能の発展を抑えすぎたために悩むひともある。一般に「女らしさ」として要求される外向的感情機能を無理に重視して悩んでいる思考型の女性もある。またこれとは反対に、男女同権の新しい道を歩もうとし、思考機能と男性とを同一視し、男性に劣らぬ生き方をしようと思考機能を発達させ、本来は豊かにあった感情機能を無理に抑圧し、大学院を卒業してから悩む女性もある。しかし、一般的にいって、心理療法の場合、劣等機能の開発をすぐに手がけるような無謀なことをするよりは、補助機能の発展に心がけるほうが適当な場合が多い。これらのことは、とかく公式主義に陥ると危険であって、その事例ごとに慎重に考えるべきである。なお、一般に男性の場合は、主機能によって生きようとの態度が強く、型がわかりやすいが、女性の場合は、鋭さよりも柔かさが期待されるため、一つの機能が鋭角的に開発されていないことが多く、したがって、その型もわかりにくいようである。

自分と型の異なるひとを理解することはまったく困難であることをユングは強調する。われわれは自分と反対の型のひとを不当に低く評価したり、誤解したりすることが多い。外向型のひとにとって、内向型のひとは、わけのわからない冷淡な臆病者と見え、逆に後者は前者を、軽薄で自信過剰なひとと思う。また、音楽を聞いても、主機能の相違によって、音の構成に注目するひと、そのかもし出す感じに酔うひと、音楽よりは音そのものを愛しているようなひと、音楽の背後にある不可解な何かに心をおどらせるひとなどの差が生じてくる。そして音楽好きという点で話が合うはずのひとが相手の不可解さにあきれるのである。たとえば思考型の男性は感情型の恋人に、「マズルカとワルツの区別もつかなくて、ショパンが好きだとよくいえたものだ」といい、彼女は「あなたは、音楽そのものより、その分類と解説のほうが得意のようね」と反撃する。あるいは、感覚型のひとは、直観型のひとが、ベートーベンが好きだ好きだといいながら、どうしてあれほど音質の悪いプレーヤーで平気でいるのかを不思議に思い、また、直観型のひとは、君は音楽よりもステレオの機械が好きなのではないかとやり返したくなるのである。

　ところが、ユングも指摘しているように、実際には、自分の反対の型のひとを恋人や友人に選ぶ傾向も強いのである。これを簡単に述べると、自分と同型のひとに対しては深い理解を、反対型のひとに対しては抗しがたい魅力を感じて結ばれるといってよいだろう。そして、自分と反対型のひとに強い引力を感じることは、前に述べた自分の内部における個性化の過程が、外にも呼応して生じてきたものと考えられる。そのようにして、二人のひとが結ばれるが、相反する型のひとが結ばれた場合、数年後に、両者が他を理解しようとして、あまりにもお互いが知り合っていなかったことを発見して驚いたり、同型のひとが理解によって結ばれながら、しばらくたって、互いに魅力が感じられなくなって別れようと思ったりすることが多い。これら俗にいう倦怠期は、夫婦が共に、自分の個性化を目ざして歩もうとの努力を払わぬかぎり避けられぬものである。考えてみると、自分にとって親しい場所(家庭や仲間の集まり)は、自分の劣等機能発展のための練習をする適切な場所となっていることがわかる。この場面で、たんなる無意識からの反応として劣等機能を暴走させるばかりでなく、それらを正面から取り上げて生きてゆくことに心がけると、少しずつではあるが発展の道を歩むことができるだろう。たんなる反応のくり返しは、発展につながらないのである。

ユングのタイプ論は、まず意識の態度に注目することによってタイプを分けることを明確にし、ついで、意識と無意識の補償作用の存在の指摘へとすすんだ。そして、このため、外的な行動としては複雑さが加わり、タイプの判定の困難なことを述べている。結局、ユングの強調するのは、意識の一面性を嫌い、あくまで全体性へ向かって志向する人間の心の働きであり、これを個性化の過程として明らかにしつつ、心理療法場面における適用性へと高めていったということができる。そして、このタイプ論の背後に、ユングが後に彼の説の中心概念として発展させていった自己(self)、心の全体性(psychic totality)の考えを認めることができる。

ユングの考えたタイプは、内向・外向の点では相当外的な行動観察によっても、確認されるものであるが、心理機能の点に関しては疑問をもつひともあろうと思われる。しかし、実際、自分が内的に考えてみて、自分の性格を改変し発展させてゆくべき方向を見出そうとしたり、今まで不可解だったひとをよりよく理解しようとしたり、人間関係を改善してゆこうとするときに、よき指標となることは、相当強調してよいものと思われる。一言にしていえば、外からではなく、内から見た性格論としての意義を十分にもっているというべきであろう。

なお、日本で、ユングの考えをそのまま適用できるか否かにも疑問が残る。これは、西洋において、意識の態度(自我)が非常に重視されるのに対して、東洋では、意識のみならず、心を全体としてとらえる態度が強く、むしろ、未分化な全体性を尊ぶ傾向が強かったので、ユングのいうような一つの心理機能の発達ということが存在しがたいと考えられるからである。一つの機能を発展させるよりは、たとえ未分化でも全体としてのまとまりを追う傾向や、得意なもの(主機能)を伸ばす楽しみよりは、不得意なものに注目して「苦行」しようとする生活態度などに結びついて、際立った型を見出しがたくしているようにも思われる。筆者の帰国以来のわずか二年の経験では、外人の場合ほど、はっきりとはしていないが、やはり相当役立つ場合も存在しているようである。今後、この点に注意しながら、心理療法の経験を重ね、もっとはっきりした結論を得たいと思っている。

注

(1) Jung, C. G., Psychological Types, Routledge & Kegan Paul, 1921. 林道義訳『タイプ論』みすず書房、一九八七年。

(2) Jung, C. G., Memories, Dreams, Reflections, Pantheon Books, 1961, p. 207. 河合隼雄他訳

『ユング自伝』2、みすず書房、一九七三年、一一頁。

(3) Munroe, R., Schools of Psychoanalytic Thought, The Dryden Press, 1958, p. 567.

(4) Munroe, R., *ibid.*, p. 569. なお、ロールシャッハとユングの内向—外向に関する考えの比較については、Bash, K., "Einstellungstypus und Erlebnistypus: C. G. Jung and Hermann Rorschach," J. Proj. Tech., 19, 1955, pp. 236-242, を参照されたい。

(5) アイゼンクは精神分析には絶対反対で因子分析の手法を重視しているが、それによっても内向、外向の因子は重要として認めている。

(6) Jung, C. G., Modern Man in Search of a Soul, Harcourt, Brace and Company, 1933, p. 85.

(7) この点について、ユングは、Psychological Types の四七二頁に述べている。邦訳、ユング、前掲注(1)書、四〇三頁。ヴァイニンガーは、『性と性格』の著者として有名なオーストリアの哲学、心理学者。

(8) Jung, C. G., Psychological Types, p. 427. 前掲注(1)書、三六六—三六七頁。

(9) Jung, C. G., *ibid.*, p. 611. 前掲注(1)書、四五二頁。

(10) Fordham, F., An Introduction to Jung's Psychology, Pelican Books, 1959, p. 39. 吉元清彦・福士久夫訳『ユング心理学入門』国文社、一九七四年、四九—五〇頁。

第二章　コンプレックス

コンプレックスという用語を現在用いられているような意味で、最初に用いたのはユングである。彼は、一九〇六年に発表した言語連想実験についての著作のなかで、(1)「感情によって色づけられたコンプレックス」(gefuühlsbetonter Komplex)なる語を用い、これは後に簡単にコンプレックスと呼ばれるようになった。ユングの導入したこの用語は、内向・外向の言葉と共に、広く一般のひとに用いられ、心理学の専門外のひとでも誰知らぬものもないほどになった。わが国では、初め心的複合体などと訳されていたが、現在ではコンプレックスのままで用いられるほうが多いようである。コンプレックスは、内向・外向と共に、このように広く用いられるわりに、本来の意義について深く知るひとは少ないようで、ここにあらためてコンプレックスについてのユングの説を紹介するのも意味のあることと思う。コンプレックスの現象の解明は彼にとって非常に重要なものであり、彼は自分の心理学をコンプレックス心理学(komplexen Psychologie)と呼んでいたこともある。(2)

1　連想実験

言語連想の方法を心理学に用いることは古くからなされていたが、これを臨床的に用いようとしたのはユングが最初である。彼は簡単な言語の連想において、反応時間が相当おそくなる事実を認め、それは知的な問題というよりも、むしろ情動的な要因によって起こると考え、これを臨床的に応用しようとして、言語連想実験の方法を確立したのである。一見普通の反応でも反応時間がおそいときは、背後に情動的な要因が働いている一例として、彼は、「白」に対して、しばらくちゅうちょしてから、「黒」と答えた患者の例をあげている。(3) これに対して、あとで白に対してさらに連想を聞くと、白は死人の顔を覆う布を連想させたことや、最近この患者の非常に親しい親類のひとが死んだこと、そして、黒は喪の色としての意味をもつことなどがわかった。つまり、白に対して黒はまったく普通の連想のように見えるが、時間のおくれを生じたのは、これだけの患者の感情の動きが関係していたためであることがわかったのである。

時間のおくれのみならず、他にも注目すべき障害が生じることが明らかになったので、それらをユングはコンプレックス指標として取り上げたが、それについて述べる前に、まず、ユングの用いた刺激語をあげておく(表1)。これを適用するのは簡単で、「今から、単語を一つずつ、順番にいってゆきますので、それを聞いて思いつく単語を一つだけ、何でもよろしいからいってください」といって、ストップウォッチを持ち、刺激語をいって相手の反応語と時間を書きとめてゆけばよい。時間は普通四分の一秒を単位として書き込む。つまり一秒半であれば6と書くわけである。興味のある読者は、四一頁の表の刺激語によって試みていただきたい(他人に頼んでやってもらうのが理想的であるが、一人ででも少しはその感じがわかると思うから、試みていただきたい)[4]。

以上、全部の連想が終わったあとで、「もう一度くり返しますので、前と同じことをいってください」といって、再検査をする。覚えているときは「+」、忘れているときは「-」を記入、違った言葉をいったときは、それを記入してゆく。実際にやってみると、相当程度忘れていることがわかるだろう。

このような簡単な連想においても、いろいろな障害が起こることが認められる。すなわち、(1)反応時間のおくれ、(2)反応語を思いつけない、(3)刺激語をそのままくり返して答える、(4)明らかな刺激語の誤解、(5)再検査のときの忘れ、(6)同じ反応語がくり返される、(7)明らかに奇妙な反応、(8)観念の固執(たとえば、頭に対して、胴と反応、続いて緑に対して、尾と反応したり、前の観念が固執される)などである。他にもあるが、以上がユング

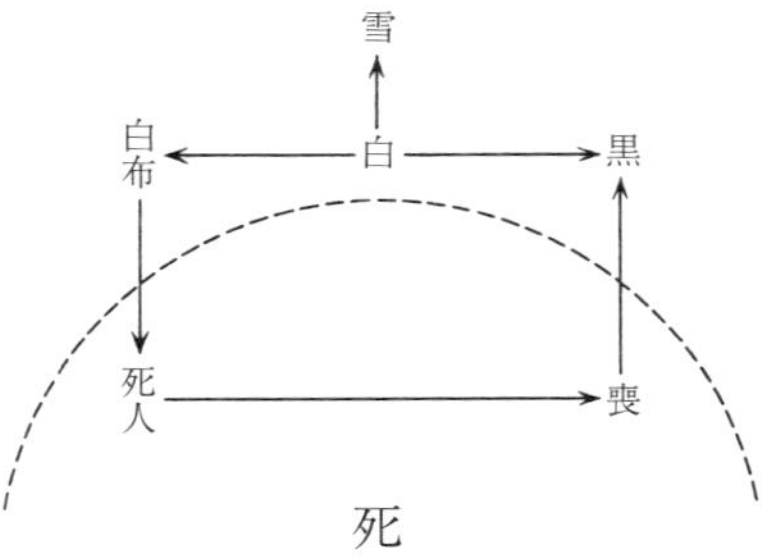

図3

のあげたおもなものであって、コンプレックス指標(complex indicator)と呼ばれている。このように簡単な連想過程において、多くの障害が生ずる点に注目して、ユングは連想実験によって無意識の心的過程の研究を行なった。われわれの連想を妨害するもの、すなわち、意識の制御の及ばぬ心的過程の存在を認めざるをえないと考えたのである。前にあげた例であれば、白の連想として、黒とか、雪、白布などが普通に思い浮かぶが、このひとの場合、最近にあった親しいひとの死ということが心の底に強い感情を伴って存在しており、そのため連想過程は、白→白布→死人の顔→喪→黒、と長い道をたどり、そのために著しい時間のおくれが生じたのである。この場合は時間のおくれとして現われたが、事情によっては、連想が停止してしまって何もいえなかったり、あるいは、死人→死→生きると連想して、「白」という刺激語に、「生きる」という奇妙な反応をするかもしれぬし、あるいは死の観念が固執されて、次の「子ども」という刺激語に「死ぬ」と反応して驚いたりするかもしれぬ。このようにして障害はいろいろ

表1　ユング連想検査の刺激語

1. 頭	21. インキ	41. 金	61. 家	81. 礼儀
2. 緑	22. 怒り	42. 馬鹿な	62. 可愛い	82. 狭い
3. 水	23. 針	43. ノート	63. ガラス	83. 兄弟
4. 歌う	24. 泳ぐ	44. 軽蔑する	64. 争う	84. 怖がる
5. 死	25. 旅行	45. 指	65. 毛皮	85. 鶴
6. 長い	26. 青い	46. 高価な	66. 大きい	86. 間違い
7. 船	27. ランプ	47. 鳥	67. かぶら	87. 心配
8. 支払う	28. 犯す	48. 落ちる	68. 塗る	88. キス
9. 窓	29. パン	49. 本	69. 部分	89. 花嫁
10. 親切な	30. 金持ち	50. 不正な	70. 古い	90. 清潔な
11. 机	31. 木	51. 蛙	71. 花	91. 戸
12. 尋ねる	32. 刺す	52. 別れる	72. 打つ	92. 選ぶ
13. 村	33. 同情	53. 空腹	73. 箱	93. 乾し草
14. 冷たい	34. 黄色い	54. 白い	74. 荒い	94. 嬉しい
15. 茎	35. 山	55. 子ども	75. 家族	95. あざける
16. 踊る	36. 死ぬ	56. 注意する	76. 洗う	96. 眠る
17. 海	37. 塩	57. 鉛筆	77. 牛	97. 月
18. 病気	38. 新しい	58. 悲しい	78. 妙な	98. きれいな
19. 誇り	39. くせ	59. あんず	79. 幸運	99. 女
20. 炊く	40. 祈る	60. 結婚する	80. うそ	100. 侮辱

一応，ユングの用いていたものを訳したが，名詞を形容詞にするなど，やむなく品詞を変えたものがある．なお，こうしてみると文化的な差によって，わが国で用いるのが不適当なものがある．たとえば 93 の乾し草などで，これはたんに草としたほうがいいだろう．また，85 は，こうのとりで，これはこうのとりが赤ちゃんを持ってくるお話は，ヨーロッパであれば誰でも知っているためであるが，一応，鶴に変えておいた．なお，英語のものは，文化差を考慮してドイツ語のとは少し変えてある．わが国でも，もし本格的に使用するときは，不適当なものは変えるべきであると思う．

なかたちで生じるが、それらを注意深く調べてゆくと、障害を起こす言葉が一つのまとまりをもっていることを見出せる場合がある。たとえば、今の例であると、「別れる」に対して反応がおくれ、「死」と答えたり、「悲しい」に対して「別離」と答え、再検査のときに、それを忘れて「死」と答えたりする。このようにして、多くの心的内容が同一の感情によって一つのまとまりをかたちづくり、これに関係する外的な刺激が与えられると、その心的内容の一群が意識の制御をこえて活動する現象を認め、無意識内に存在して、何らかの感情によって結ばれている心的内容の集まりを、ユングはコンプレックスと名づけた。

それは、初め、感情によって色づけられた複合体(feeling-toned complex)と呼ばれたことは、さきに述べたとおりである。このようにコンプレックスは、それぞれ一つのまとまりをもって存在しているが、これに対して、われわれの意識も、それなりのまとまりをもって存在している。人間が生まれてから成長するに応じて、その意識体系も複雑になるが、それが一貫した統合性をもっていることは大切なことである。この統合性をもつゆえに、われわれは一個の人格として認められ、また、いわゆる個性というものも感じられるのである。ユングは、この意識体系の中心的機能として自我(ego)を考えた。この自我の働きにより、われわれは外界を認識し、それを判断し、対処する方法を見出してゆく。これによって、われわれはその場面場面に応じた適切な行動をとってゆくわけである。ところが、この統合性をもつ自我の働きを乱すものがある。それがコンプレックスである。さきほどの例であれば、自我の働きによれば、白→黒の連想は簡単なことなのであるが、その底にあるコンプレックスが働きかけて、それを乱す。このようにコンプレックスは、それ自身ある程度の自律性をもち、自我の統制に服さないので、実際生活のうえでいろいろな障害をわれわれに与える。いちばん大切なときにあるひとの名前が全然思い出せなかったり、肝心なところで赤面してどもってしまったり、「お礼はけっしていただかぬつもり」というべきときに、「お礼はけっしていただくつもり」といってしまったりする。われわれのいい間違いや、偶然の失敗とみられるもののうち、実際は無意識内のコンプレックスの働きによるものがいかに多いかを、フロイトはその著『日常生活における精神病理』に、多くの例をあげて説明している。コンプレックスは自我の統制外にあるので、それによって起こった障害は、「まったく思いがけない」ものと感じられ、あるいは、「何かに取りつかれた」としか考えられないような性質のものが多い。コンプレックスは、実際おとぎ話に出てくる小人たちのように、われわれの知らぬ間にいたずらをして、大失敗をさせては喜んでいるように思われる。あるいは、これはむしろ昔のひとたちが、コンプレックスの犠牲となったとき、その経験を書きとめようとして、「いたずらものの小人」などという心像を作り出してきたと考えるべきかもしれない。

コンプレックスは一つの共通な感情によって、まとまりをもっていると述べたが、それは中心となるような核をもっている。それの最も典型的なのが、心的外傷である。たとえば、自分の父親によって性的行為をされた女性があったとする。この女性はこの耐えがたい経験を無意識のなかに抑圧して生きてゆくことだろう。実際、このような事実を常に意識内に入れておくことは非常にむずかしいことであるから、抑圧されるのも当然のことといえる。その場合、この経験に伴う恐怖感、嫌悪感なども共に抑圧され、その後、これに類似の感情を伴う経験がだんだんとこれに吸収されてゆく。教師にひどく叱られた経験とか、急に犬に噛まれそうになったことなどが、これに重なってゆくかもしれぬ。そして、このコンプレックスはますます強大なものになって、自我の存在をときに、おびやかすものとなる。このひとは自分では意識的にはわからぬ理由で、馬がむやみに怖くなる恐怖症になるかもしれない。つまり、馬という外的刺激がこのひとのコンプレックスを活動せしめ、それに伴う恐怖感がこのひとをおそうのである。このコンプレックス内に貯えられた感情が強力であるほど、その吸収力も大であって、少しでも類似性のあるものは、引きよせて巨大になる傾向がある。この中核をなすものは、ユングによると、前述したような、自我によって受け入れがたかったため抑圧された経験と、その個人の無意識のなかに内在していて、いまだかつて意識化されたことのない内容との二種類に分けられる(5)。あるいは、このようにはっきりと分けて考えないにしても、コンプレックスという場合、つねに抑圧された心的外傷を探し求めようとしたり、抑圧されたという点から、つねに否定的な感じのみをもつことがないように強調したいのが、ユングの狙いであるとみるべきであろう。

これは、ユングが連想実験を通じてコンプレックスの存在を考えていた頃、一方フロイトも夢分析や催眠現象などを通じて同様のことを考えていたわけで、これを知り喜んだユングは、一九〇七年フロイトと会い、両者の協調が始まるのであるが、今述べたような無意識に対するユングの見方は明らかにフロイトとの相違を示すもので、両者の別れてゆく理由の一つともなった。すなわち、フロイトにとって無意識の心的内容は抑圧されたもの、そして性的な欲望との関連の深いものと考えられたのに対して、ユングは、フロイトの説を認めながらも、無意識の内容はそれのみでなく、建設的・肯定的なものも存在することを強調しようとしたのである。そして、抑圧された経験としてのコンプレックスのみでなく、その背後に、もっと深い元型的なものを認めてゆこうとしたのである(元型に関しては、次章において説明する)。ユングの無意識に対する肯定的な見方は、前章における意識と無意識との相補性の考えにも明らかに示されているが、これからあとの章において述べることにも、多く認められると思う。

ユングの用いた言語連想法は、現在の臨床心理学における強力な武器である投影法の最初の基礎を築いたものということができる。ユング自身は、その後、あとで述べるような心像と象徴の研究に専念し、言語連想法をあまり発展させなかった。しかし、一見簡単に見えながら意義が深く、かつ使い方を考慮するといまだ新しいものを引き出せる可能性をもつ方法として、われわれはもっと注目してよいのではないかと思う。この方法をこの節で簡単に示したのもそのためで、読者が連想法のアイデアを生かしてゆく方法を見出してゆかれれば幸いである。

2 コンプレックスの現象

前節に述べたように、コンプレックスは自我の統合性を乱し、障害を生じるものであるから、この構造や現象を、とくに自我との関連性においてよく知っておくことが大切である。コンプレックスは、そもそもその内容が自我にとって容易に受け入れがたいものであるから、最初、自我がこの存在に気づかないのも当然である。すなわち自我による抑圧の機制が働いているわけである。これは隣国との間に厚い防壁を築き、交易もせずに自国内のみで平和を保っている状態にもたとえられよう。しかし、国境ではときに小競り合いが起こったり、ゲリラが侵入して民家を破壊したりして、やはり敵国が隣に存在していることをとをわれわれに気づかせるのであるが、これは前節に例をあげたように、正常なひとたちでも、ときどきコンプレックスの働きによって、とんでもない失敗をする現象に相当すると思われる。これがだいたい、一般の普通人の状態である。ところが、もし、この抑圧の防壁が非常に堅くて、隣に敵国のあることさえ知らないでいる間に、敵国は長年月の間に強力になって、こちらの力をしのぐほどになっていたとしたらどうであろうか。

このような状態の最も劇的な場合が、二重人格の現象といえる。つまり今までの人格とまったく異なった人格が出現するので、これはまさに、自我がその王座をコンプレックスに乗っ取られたような状態である。この二重人格の問題については、フランスの学者ジャネーの詳細な研究があり、ユングはそれを高く評価している。[6] そして、二重人格の問題は本質的にはコンプレックスの問題と同じものであると述べ、ただ、すべてのコンプレックスが自我と入れ代わりうる性格をもっているか否かは断言できないとしている。二重人格の実例については次章で述べるので、ここではこれ以上詳しく述べないが、この現象の存在することによって、われわれはコンプレックスの自我に対する自律性と、その脅威を知ることができる。

二重人格の場合は、コンプレックスの力が非常に強くなり、自我と主権を交替したような現象であったが、これほど特殊な場合は少ないとしても、強力になったコンプレックスに対処するため自我はいろいろな方法をとることになる。これが自我防衛の機制(defense mechanism)といわれるものであるが、ここではそれについて詳しく述べることは省略し、おもなものをあげて考察する。まず考えられるのが同一視(identification)の状態である。つまり、どれかのコンプレックスと自我が同一視され、自我はコンプレックスの影響下におかれる状態である。しかしながら、同一視といっても部分的なものから、相当全体的なものに至るまで程度の差があり、それに従って意識の障害の程度にも差があることを知っておかねばならない。たとえば、普通人であっても、多少ともそのコンプレックスと同一視を行なっているものであって、その好例としては、男性であればその父親に、女性であればその母親によく似た考え方や行動をしていることが多い事実があげられる。われわれは幼時から、その同性の親に対してときに非常に批判的になり、あるいは攻撃的にさえなりながらもそれを表現できず、それらが父親像や母親像を一つの中心としてコンプレックスを形成してゆく。そして、成人してから、ふと気がつくと、あれほど嫌に思ったり反発したりした親の考え方や生き方を、そっくりそのまま同様にしていることがわかって、驚いたり苦笑したりすることが多いのである。このような場合は、もちろん正常な範囲に属するものであるが、これがたとえば、一人の男性の母親との同一視が強かったり、女性が父親と強い同一視を行なっていたりするとどうなるだろうか。この極端な場合として、同性愛に陥ることさえ考えることができるだろう。あるいは、同一視の程度が自我の全面をおおうものとなって、「私は神様である」とか、「そのうちに全世界を治める」とか信じだした場合は、非常に問題も大きくなっているといわねばならない。このような例を、われわれは妄想型の分裂病〔統合失調症〕のひとたちに見出すことができる。

ここで大切なことは、同一視の程度が極端にひどくなったこのような場合は、自分の父や母などの個人的なものを超えて、神や帝王などの像が対象となることが多い事実である。このことは、コンプレックスがたんにある個人の経験に基づき、その経験のなかで抑圧されたもののみの集まりと考えるにしても、その背後に、その個人的経験を超えた普遍的なものの存在を考えることが必要なことを示している。このような点に着目して、ユングは普遍的無意識や、元型の考え方を発展させてくるのであるが、それについては次章に述べることにする。ある個人の個人的経験としての実際の母親、あるいは母親像を超えて、いわば「母なるもの」とでも呼べるような普遍的なものの存在を問題にしようとするのである。このようなユングの考えは、ある個人の幼児期の体験を非常に重視するフロイトと異なることになり、この点でも両者は分離してゆくのである。

両親との同一視のことを述べたが、実際に人間はその親の欠点から自由になることは困難であり、その欠点をしらずしらずのうちに取り入れてしまうことが多い。そして、もしそれに気づいた場合、今度は反発するか、逃れようと努めるあまり、反対の極に走る危険性が非常に高いのである。「私の両親は厳格すぎた」と批判しているひとが、今度は放任しすぎる親となって失敗したりする例が多いのである。そして結局は、これも両親の欠点から自由になったとはいいがたいのである。この場合は、むしろ、同一視の機制が働いていてそれに反発するあまりの反動形成(reaction formation)を行なっているものといえる。このように、相反するものが強い程度で存在することもコンプレックスの特徴であり、浅いか深いかの差はあるにしても、一つのコンプレックスは、それと相対応するコンプレックスをどこかにもっているとさえ考えられる。たとえば、強い劣等感コンプレックスをもつひとは、どこかに強い優越感コンプレックスをもっているのがつねである。ただ、この両者のうちどちらかが自我に近く存在しているため意識されることが多いだけである。劣等感コンプレックスのために、いつも自分を卑下したり、引っ込みがちのひとも、実はその背後に大きい優越感コンプレックスがあり、実のところ、その両者の大きい落差によって余計に劣等感を感じさせられているというべきである。自分のようなものは存在してもしかたないと自殺をはかったひとと話をしていると、自分がせめて日本人として世間に役立てることは一人でも人口を減らして(すなわち自殺して)、日本の人口問題の解決につくすことだ、などというナンセンスな話が真面目に語られ、なおも聞いていると、「私のように悩んでいるひとは世界中に多いことと思うが、できればそのような世界中の悩めるひとを救うような仕事がしてみたい」などということが語られる場合が多い。死ぬより外に存在価値がないというほどの劣等感と、全世界の悩めるひとを救いたいなどという優越感とが共存していることに読者は驚かれるかもしれないが、実はこのような例のほうがむしろ多いのである。自殺を企てるひとがすべてこのような単純なものでないことはもちろんであるが、高校生くらいの若いひとたちで自殺未遂をしたひとと話し合う場合など、このような例にあうことが多い。そして、われわれ心理療法家としては、電圧の高まった電極のようなこの相反するコンプレックスの間にショート、あるいは放電が起こることをさけ、両者を適当に連結してゆくことを心がけるのである。

次に大切なものとして、投影(projection)の機制が考えられる。自分の内部にあるコンプレックスを認知することを避け、それを外部の何かに投影し、外的なものとして認知するのである。実際、「人間は皆、ズルイものですよ」と主張するひとが、非常にズルイひとであったり、「人間というものは結局薄情なものです」と嘆くひと自身、あまり親切なひととはいえないような場合が非常に多い。そして、これらの場合、「人間は」とか、「ひとというものは」という一般的な呼称のなかに、いっているひと自身が含まれていないような感じがあるのも面白いことである。自分を除いておいて、ひとは皆ズルイ、などというのは、投影の機制が働いていることを如実に示している。この投影の程度が強くなり、すべてのひとが自分の悪口をいっていると思ったり、ついにはその悪口が自分が一人でいるときでさえ聞こえてきたり(幻聴)し始めると、これは病的なものといわねばならない。このように病的なものではないが、われわれ普通人にしても、大なり小なり投影の機制を働かして生きている。すなわち、自分のコンプレックスを他人に投影して自我の安全をはかるわけである。しかし、普通人が投影をする場合は、投影をされる対象となるひとがある程度それを受けるきっかけのようなものをもっている場合が多い。つまり投影されるに値するだけのコンプレックスをある程度もっている。このため、この投影を受けたひとが、そのコンプレックスを逆投影することも多く、二人の間の関係はますます悪くなってしまうこともある。このようにコンプレックスは誘発現象のようなものを起こしやすいので、自分の内部に多くのコンプレックスをもっているひとが他人のそれに(自分のではなく)気づきやすいこともある。そして、このようなひとが自分は「感受性が強い」のでカウンセラーに適していると確信しているような場合もある。前に自殺未遂をしたひとが世界中の悩めるひとを救いたいと述べた例をあげたが、このようなコンプレックスにおびやかされたひとたちが、自分の内部にたち向かってゆくよりも、外のひとたちを救うことを考えるのも、一種の投影の機制が働いているものと考えられる。

このようにいっても、投影の機制はつねにマイナスの面をもっているというのではない。むしろ、逆にこの投影によって、われわれは自分のコンプレックスを認知し、それと対決してゆけるとさえ考えられる。たとえば、自分のなかの権威に対するコンプレックスを投影して、目上のひとであるとすべて恐ろしいように思っている場合を考えてみよう。ある一人の目上のひとをいつも恐ろしいと感じていたが、そのひとが実は親切な、やさしい面をもっていることを体験したとする。その場合、この現実を認める目をこのひとがもっているとき、「おやっ」と思うに相違ない。そして、このひとは今までの恐ろしいと思っていた感情が現実に即していないこと、つまりは、そのようなものが自分のコンプレックスに根ざしていたことを悟るのである。これを投影のひきもどし(withdrawal of projection)というが、われわれは自分の投影を生きることにしりごみせず、同時に現象を観察して取り入れてゆく態度をもつならば、自分にとって悪と見えていたひとの行動のなかにそれとは違ったものを見出すに相違なく、このときに投影のひきもどしが行われるのである。このようにして、われわれは自分のコンプレックスを認知するのであるが、この、「投影―投影のひきもどし」の過程において、コンプレックスのなかに貯えられていた心的エネルギーは、流れ出て建設的な方向へと向かってゆくことになる。このようにコンプレックスの内容を自我のなかに統合してゆく過程には、つねに情動的な経験が伴うものであって、たんにコンプレックスについて知的な理解をし、その内容について名前をつけ(概念化し)ても、むしろ統合過程をはばむための防衛の手段として役立つのみといわねばならぬ。概念化によって一時的にコンプレックスの働きを抑えたように思っても、ユングもいうように、われわれがコンプレックスを無視できたように思っても、コンプレックスのほうがわれわれを無視してはくれないのである。(7)

コンプレックスの投影の問題からコンプレックスを自我内に統合する過程について述べたが、これを要するに、コンプレックスの解消を目ざすならば、それと対決してゆくより他ないということである。これは心理療法によって悩みを解消するという場合、このよい方法によって、積年の悩みがすっと消え去るというような望みをもっているひとも多いが、心理療法によってまずなされることは、実のところ悩みとの対決であり、悩みを深めることであるといわねばならない。このような過程が実際どのように心理療法の過程に生じてくるかを次節に例をあげて説明する。

3 コンプレックスの解消

コンプレックスの解消は手をこまぬいていてできるものではなく、それに対決してゆくことによって初めてなされるということを前節に述べたが、ここに一つの遊戯療法による治療例を示して、その過程を明らかにしたい。

この事例は、小学三年生の男子で、不潔恐怖を主訴として母親と共に来談したものである(8)。便所へ行ったあとで十分間も手を洗っていたり、食事のときなどもつねに不必要な清潔さを要求して母親を困らせている。この治療を引き受けることになり、週に一回、親のカウンセリングと子どもの遊戯療法を並行することになった。詳しいことは省略するが、親のカウンセリングの間にだんだんと明らかになってきたことは、祖母による極端な過保護が大きい問題で、このためにクライエントはつねに世話をやかれて育ってきたということである。御飯を食べさせてもらったり、靴をはかせてもらったりすることは幼稚園にゆくまで続き、近所の子どもたちと危い遊びをすることもつねに禁じられて育ってきた。このような子どもが自分の自我を発達させるうえにおいて、自主的に行動したり、少しでも攻撃的なことをすることを極端に抑圧してきたことは容易に想像できる。ときには近所の子どもといたずらもしたかったであろうし、つまみ食いをしたいときもあったかもしれない。しかし、これらのことはつねに禁止されたため、この子どもの自我のなかに組み込まれることなく、コンプレックスとなって形成されていったに違いない。そして、それらの内容は、やってみたくてしかたなかった気持や、禁止に対する反発の感情を伴って、強い感情に色づけられたものとなったことであろう。しかしながら、この子どもは外から見るかぎり、行儀のよい、よい子として見られてきたに違いない。このよい子としての自我のうしろに、強いコンプレックスが形成されてきたのであるが、このコンプレックスを名づけるならば、一応、攻撃性あるいは活動性のコンプレックスとでもいえるだろう。

攻撃性と活動性を一緒にするのは不明確なことといわれるだろうが、後述するようにコンプレックスの現象は複雑なので、簡単には名づけにくい。この場合、反発心や強い感情がきつく出れば攻撃的と一般には思われようし、また、このコンプレックス内の力が適当に自我のなかに取り入れられるときは、活動的といわれることにもなろう。これは英語のaggression という言葉が最も適切なものであろう(これは攻撃性と訳されているが)。人間が攻撃的であることは好ましいことではないが、攻撃性を過度に抑圧するときは、むしろ活動性のない弱い人間となってしまう。ただ、この場合、この子どもが攻撃性をまったく抑圧してしまっていると考えるのは間違いである。知的には非常に高い子どもであったので、勉強はできるし、知的な活動性は高かった(来談したときは、強迫症状のため勉強にも障害がおきていたが)。また、家庭内では、容易に想像されるように内弁慶ぶりを発揮していた。

この例をみてわかるように、コンプレックスの現象は複雑である。この場合に、攻撃性の抑圧という点を単純に公式的に考え、まったく活動性のない子どもと考えるひとは、教室でこの子どもを観察して、活発に発表するのを見て驚いたり、家ではやんちゃで困りますなどといわれて、わからなくなったりするだろう。つまり、攻撃性といっても意味が広く、そのうちのどのような部分がコンプレックスとなっているか、を考えるべきである。そして、自我の統制の弱まる場合(たとえば家庭内など)では、コンプレックスの力が少し強くなって、行動が変化するという事実も知っておかねばならない。これらの複雑な現象を知らず、公式的な考えに頼ってばかりいると、わけがわからなくなったり、他人のコンプレックスに名前をつけてばかりいて、何ら建設的な意味がなくなってしまうのである。

この事例の場合は、前述のような攻撃性を抑圧しながらも、知的なレベルが高い点もあって、今までは成績のよい、おとなしい子として成功してきたが、とうとうコンプレックスの力が強力になって、それを抑え切れなくなった。自我は、容認しがたい攻撃性の出現に対して強い恐怖感を抱くが、それを内的なものとして認めることをあくまでも拒否して、外界に投影し、不潔恐怖の症状を形成するようになったと考えられる。以上の点が、この子の症状形成について一応考えられることであるが、これがわかったからといって治療が終わったわけではない。このように治療者にとってわかった話を患者に説いてみても始まらない。もちろん、以上のような点が、カウンセラーと母親との話し合いを通じて徐々に明らかにされてきたことは大きい意味をもつ。それは、母親自身が話し合いのなかで、自ら考え、自ら発見してゆく体験がなされるからである。そして、当人の子どものほうは、そのコンプレックスについて知的に知るのではなく、コンプレックスと対決してゆくことが治療のなかに要請されるのである。

コンプレックスとの対決といっても、治療者にとってまず大切なことは、この子どもが治療場面で自由に行動できる状況を作ってやることである。遊戯療法の根本は、治療者がクライエントに対して、クライエントのいかなる表現をも受け入れてゆく態度で接することである。この重要さがわからないひとが、もし遊戯療法を見る機会があったとすると、おそらく普通の遊びと区別がつかないだろう。このような受容的な態度で接すると、この子どもは初めのうちは、治療者とあまり口もきかず、自分だけで知的な遊びをしていたが、だんだんと攻撃性を発揮するようになる。三回目に来談したときは、組木を猛烈な勢いで打ち込む作業に熱中して、事物を対象として攻撃性を表わす。そして、次回には治療者に対してボーリングの競争をしようといって、これに熱中する。そのうち一所懸命になってくると、黒板につけた点数を黒板ふきで消すのがもどかしくなり、手で消して、その手で汗をぬぐうので、顔もよごれてしまう。ここに不潔恐怖のまったく裏がえしの行動が認められるわけであるが、このような現象は治療場面で、しばしば認められることである。前に、コンプレックスは相補的に存在し、劣等感と優越感が共存することを述べたが、この子どもの場合であれば、家族の禁止を破って、汚いことや危いことを気ままにしたい気持と不潔さを極端に恐れる気持が心のなかに共存しており、それが統合されずに片方のみが症状として出現していたわけである。そして、許容的な治療場面において、今まで抑えられていた行動が出現しだしたわけである。このような例は、極端に礼儀正しくていねいなクライエントが、来談する日をふと忘れてしまって、治療者に待ちぼうけをくわせたりすることなどにも認められる。このような行動は、六回目の際には非常にはっきりと認められ、クライエントは治療者とドッジ・ボールの投げ合いをする。治療者が受けるのをたじろぐほど精一杯ボールを投げつけ、汗をかきながら熱中し、よごれを気にせずに行動する。これらの行動を、今まで抑えられていたものを発散するとのみ考えるのは間違っている。たしかに、抑えている感情をたんに発散するだけでも効果はあるが、この場合、このような表出が治療者という一人の人間を相手としてなされること、治療者がその表出の意義について知り、それを受容することは非常に大きい意味をもっている。治療者の存在によって、クライエントは自分のコンプレックスをたんに発散させるだけにとどまらず、それを経験し、自我のなかに取り入れることができるのである。ここに、クライエントがボールの投げ合いを欲したことは、非常に象徴的である。攻撃性のボールを文字どおり受けとめた治療者は、それを正面からクライエントに対して投げかえすのである。この、受け入れと対決のくり返しのなかで、クライエントは今まで自我のなかから排除していたものを徐々に取り入れ、自我の再統合をはかるのである。

　このように治療場面において進展が認められる一方、クライエントの家庭での行動はむしろ悪化したようになる。すなわち「便所にお化けがいる」とか、御飯を食べるとき、茶碗の中に何か変なものが入っているといったりして、強い恐怖感を示し、家人を心配させた。しかし、これは、今までの考察からすればむしろ当然のことであり、抑圧されていた攻撃性が治療場面において表出されるにつれ、それの外界に対する投影や、恐怖感が強く意識されだしたものと考えられる。つまり、外的な行動は悪化したように見えながら、むしろそれは治療が進展していることを示している。治療の経過中に行動がより悪くなることは、しばしば生じる現象であるが、治療者のもつ確信に支えられて、治療が継続され終結へと導かれてゆくのである。われわれの場合も、母親の不安は一時増大するが治療は続けられ、この子どもの攻撃性の表出はだんだんと質的な変化をみせる。第十回目ごろは、ボールを治療者に向かって投げず、壁に当てて受けとめ、連続何回できるかを治療者と競争するゲームに熱中する。そして、途中で水を飲みたいといい、そのときに自発的に手や顔を洗い、治療者のさし出したハンカチで拭く。これは家庭における清潔に対する欲求がコンプレックスに根ざす強迫的なものであったのに対して、ここでは、まったく自発的に、自我内に統合された行動として手や顔を洗うことができたとみることができる。そして、ハンカチをもっていなかったため、偶然、治療者のそれを借りることになったのも興味深い。すなわち、今までは攻撃の対象として、あるいは攻撃を加えてくるものとしてさえ見られていた治療者と親和的な関係をもったのである。これはあまりにも急激な変化であったのか、次回には少し混乱が認められる。すなわち、遊戯室に母親と一緒に入ることを固執し、治療者がそれを聞き入れず、プレイをするかしないかは自分の好きなようにするといいというと、遊びたくないといって帰る。しかし、次にはやって来て、今度は紙ヒコーキを作り、遠くへ飛ばす競争をして遊ぶ。そして治療者に面白い紙ヒコーキの作り方を教えてくれる。ここでは攻撃性は、より建設的なゲームを通じて表出され、同時に治療者に対して親和的な行動が示されている。そして、最終回には、まったく儀式的と呼びたいくらい、治療の初期にしていた遊びから、最終回に至るまでの遊びをやってみせ、「前こんなことをしたな」という。これは成人の心理療法の場合、終わり近くなると治療の経過をふり返り、自分の変化の過程を明確化しようとする話が現われるのとまったく揆を一にした行動であると思われる。このような過程を経て、約半年にわたる遊戯療法により、強迫症状も消失し、友人ともよく遊ぶようになり、治療を終結した。

ここにコンプレックスの解消の過程を示すものとして、一つの遊戯療法の過程を簡単に示し、一人の子どもが治療場面においていかにして自分のなかにある攻撃性に直面し、体験していき、それを自我のなかに統合していったかを明らかにした。この過程において端的に示されたことが、成人のコンプレックス解消の場合にも、まったく同様に生じることを読者の方は気づかれたであろうか。遊戯療法のすじをよみとることにあまり慣れておられない方のために、次に、これとまったく平行的と考えられるような例を、一人の大学生を例にとって考えてみよう。今まで攻撃的な面を抑圧して生きてきた学生が、大学に入学する。しかし、彼の抑圧されてきた攻撃性も大学入学を転機として徐々に芽生えてくるが、初めのうちは場面に慣れるまであまりひとともつき合わず、自分なりに行動している(遊戯療法の初め、知的な遊びをしている段階)。ところが大学にも慣れるにしたがって、彼の攻撃性は、ある一人の同級生の上に投影され、その「攻撃的な同級生」との戦いが始まる。勉強においてか、あるいはスポーツにおいてか、ともかく二人の競争は激しくなり、両者の攻撃は相互的なものになる。ここで、この同僚に負けぬように彼の頑張りが続き、攻撃のやりとりがくり返される(ボールの投げ合いの段階)。ときにはまったく憎い奴と思い、腹を立てたりしながら、その底のほうで、この学生は自分の潜在的な活動性を伸ばすにつれて、この同僚に対して「なかなかやるな」といった感じももち始めることだろう。

そして両者の攻撃性も頂点に達したかと思われるとき、この学生は、相手が案外親切ないい男であることを発見して驚くのである。今まで敵と思っていた男が、味方であるのか、と思わされる事柄にぶつかるのである。ここで、彼は一種の混乱を味わいながらも、今まで攻撃的なのは相手とばかり思っていたのに、その実は、自分自身がそうであったこと、それに適当に攻撃的であることはけっして悪くないことなどを発見する。つまり、投影のひきもどしが行われるのである(治療者のハンカチで手を拭き、そのあとで混乱した段階)。その後、彼は今まで敵対視していた同級生と、よき友人となることだろう。彼らは互いに競いながらも友情を感じ合える、よきライバルとなることだろう。このように友情の確立されたことを知ったとき、おそらく彼らは、「お前を初めて見たときは、何と攻撃的な奴だと思ったよ」などと話し合って笑い合うことだろう(遊戯療法の終結時の儀式的行為)。かくて、この学生は、内的には自分の攻撃性のコンプレックスの解消と、その自我への統合を経験し、外的には一人のよき友人を獲得することになったのである。ここに簡単に述べた事柄が実際に行われるためには、実に多くの苦労と努力が伴うことはもちろんであり、もっと複雑な経過をたどることもあるだろう。それにしても、この過程の骨組みのみをみるとき、遊戯療法に示されたものと同様のものがあることがわかったと思う。このような点がわからないひとからみれば、たんに子どもと遊んでいるとしか思われない遊戯療法に、大きい興味をわれわれが感じるのもこのためである。遊びのなかに人格変化の過程がきわめて直接的に生き生きと表現され、それが治療者の胸を打つのである。

この例によって、コンプレックスを解消するために、われわれがいかに実際的な努力を払わねばならぬかがわかったことと思う。コンプレックスとの対決などというと、内向的な日本人の陥りやすい欠点として、「自分の内部を見つめて」苦行しなければならないと思い、自分の欠点について検討したり反省したり、「孤独を求め」て旅に出たりすることが多すぎるように思われる。そのような孤独な修行をするよりは、今の例に示したように、嫌いな同僚と争い、あるいはライバル同士のなかに芽生える友情に驚きなどしてゆくほうがはるかにコンプレックスの解消につながる場合が多いのである。前者のような方法の場合は、どうしてもコンプレックスについて考えることが多くなり、後者の方法のように、コンプレックスを生きてみて、それを統合してゆく努力とは異なるものになるからである。もちろん前者のような方法も大切なときがあり、考えることをやめて無意識のうちにコンプレックスに生きられているひと(本人は行動的な人間と自称している)も困りものであるが、コンプレックスというと、あくまで自分の心の内部の問題と思ってしまい、それがいかに外的なものと対応し、外的に生きることが内的な発展といかに呼応するかということが忘れられがちであるので、それを強調したのである。ここに内的なものと外的なものの呼応性を指摘したが、この事実も非常に大切なことである。つまり、その時機において、ある個人が対決してゆくべきコンプレックスがある場合、ちょうどその対決を誘発するような外的な事象が起こることである。このような内的外的な現象が、一つのまとまりをもって布置されるような事実をユングは非常に注目している。実際、人間はだれも無数のコンプレックスをもっているが、やはり、そのうちの、ある一つのコンプレックスを問題とし、対決してゆかねばならぬ時機のようなものがあると思われる。すなわち、前の例であれば、一人の子どもが、攻撃性を抑圧しながら一応問題なく生きてきたのであるが、小学三年生というこのときに、それは不潔恐怖という症状として現われ、それとの対決に迫られたと考えられる。あるいは、あとの例であれば、大学入学ということが一つの転機となっている。

　このように考えると、強迫神経症という症状が発生し始めたり、あるいは、この大学生が一人の同級生に強い敵意を感じたりすることは、外的な行動としては望ましくはないが、内的にみた場合は、コンプレックス解消への努力の道程の始まりとみることができる。そして、コンプレックス自体、つねに否定されるべきものではなく、このような努力によって自我のなかに統合されるときは、むしろ建設的な意味をもつものとなることが認められる。コンプレックスはその自我にとっては、否定されるものと映り、破壊的な攻撃性と受け取られるのであるが、それが自我のなかに統合された場合は、むしろ望ましい活動性としてみられることも多いのである。このようにコンプレックスの否定的な面のみならず、そのなかに肯定的な面を認めようとし、また、外的には症状としてみられるもののなかに、建設的な自我の再統合の努力の現われを読みとろうとするような態度は、ユングの考え方の特徴を示しているものといえる。われわれは無数にもっているコンプレックスを数えたて、欠点の多い自分を不必要に反省したりするよりは、その時に布置されてきた(momentarily constellated)コンプレックスの現象をさけることなく生き、最初はネガティブにみえたもののなかに光を見出してゆく実際的な努力を積み重ねてゆくべきである。

　コンプレックス解消の過程において、それとの対決の必要性を述べたが、これに従えば、コンプレックスを避けることはあまり建設的でないことは明らかである。しかも、コンプレックスは自我によって十分に経験することを拒否された感情によって色どられ、強化される点を考えると、いわゆる「劣等感をもたせないために」なされる教育的配慮は、むしろ劣等感コンプレックスを強化するのに役立っている場合さえあることを知るべきである。いかに先生が見て見ぬふりをしたり、心にもなくおだてたりしても、その生徒はわからないにしてもコンプレックスのほうは見のがしはしないのである。劣等感コンプレックスの解消は、劣等の真の認識によってなされることが多いのは、人間にとって真に辛い事実である。だからといって、ここに教育者のひとたちが生徒の劣等性を指摘するのを奨励する気は毛頭ない。コンプレックスにさわられることは誰しも辛いことであり、そのコンプレックスとの対決という苦しい仕事を共にする決意もなく、たんにコンプレックスの痛みにさわるのを事とするのは、他家の床下にある不発弾を親切ごかしに爆発させに行くようなものである。「劣等感をもたせないこと」を信条として、コンプレックスとの対決を避けている先生を甘い先生というならば、「欠点を指摘することは教育者の役目」と信じ、生徒のコンプレックスの痛みにさわって喜んでいるのは、辛い先生とでもいうべきだろう。そして、両者とも、自分の内部にある大きいコンプレックスについては、まったく無意識な点が共通に認められるだろう。これは教育者の立場として述べたものであるが、コンプレックスに手をくだすことはまったく容易でないことは、今まで述べてきた点でも明らかであるから、一般には、他人のコンプレックスになるべくさわらないように努めることが、「社会人の礼儀」とされるのも当然のことといえる。

ユングの名を有名にしたコンプレックスについて、例をあげながら説明してきたが、無意識内に存在するコンプレックスが、いかにわれわれの意識的な行動と関連性をもち、重要なものであるかがわかったことと思う。ユングは、このようなコンプレックスの研究をさらに深めて、無意識内の奥へと迫ってゆくが、それについては章を改めて述べることにしよう。

注

(1) Jung, C. G., Diagnostische Assoziationsstudien, Barth, Bd. I, 1906; Bd. II, 1910. これは後に英訳して出版された。Studies in Word Association, New York, Dodd, Mead and Co., 1918. 高尾浩幸訳『診断学的連想研究』ユング・コレクション7、人文書院、一九九三年。
(2) 現在は、分析心理学(analytische Psychologie, analytical psychology)に統一されているが、ドイツ語圏内では、今でもコンプレックス心理学といっているひともある。
(3) Jung, C. G., The Psychology of Dementia Praecox, C. W. 3, p. 46. 安田一郎訳「早発性痴呆の心理」『分裂病の心理』所収、青土社、一九七九年、一一八頁。
(4) テストをマスターする場合、まず自分が受けてみることは非常に大切である。そして、自分でするよりも他人にしてもらうほうが意味が深い。この言語連想法も簡単そうにみえるが、やってみると興味深いものであるから、できるだけだれかに頼んで、やってみていただきたい。
(5) Jung, C. G., On Psychic Energy, C. W. 8, p. 11.
(6) ユングはジャネーを高く評価して、その影響を受けたことを認めている。なお、ジャネーの二重人格に関する研究は、L'Evolution Psychologique de la Personnalité, 1929. 関計夫訳『人格の心理的発達』慶応通信、一九五五年、の第二十二章参照。

（7）Jung, C. G., A Review of the Complex Theory, C. W. 8, p. 103. 林道義訳「コンプレックス総論」『連想実験』所収、みすず書房、一九九三年、二三五頁。

（8）この事例の親のカウンセリングは、天理大学助教授の高橋史郎が担当、筆者が遊戯療法を受けもった。この事例についてのロールシャッハ法による検討についてはすでに発表してあるので、興味のある方はそれを参照されたい。河合隼雄／高橋史郎「遊戯療法の前後に施行したロールシャッハ法に言語連想法を併用した例」『ロールシャッハ研究』V、一九六二年、一六八―一七九頁。

第三章　個人的無意識と普遍的無意識

前章において、無意識内に存在するコンプレックスの重要性について述べた。ユングは無意識の研究を続けていくうちに、コンプレックスの背後にまだ深い層があると考えるようになってきた。そこで、この章において説明する普遍的無意識(collective unconscious)や、元型(archetype)の考えが生じてくるのである。このように無意識内を層に分けて考えることは、ユングの心理学の特徴をなすものであり、彼のたてた普遍的無意識の概念は、多くの芸術家、宗教家、歴史学者などに歓迎されるが[1]、一方多くの誤解をも生じさせることとなった。実際、後述するように、ユング自身も初期の頃は、元型と元型的な心像とを同義語のように用いたり、理論的な混乱があったので、よけいに理解を困難にさせていたこともあったが、理論的に相当整理された現在においても、これらのことを説明することの困難さを痛感するものである。ともかく、できるだけ具体的にわかりやすく述べてみるつもりである。

1　普遍的無意識

ユングは無意識を層に分けて考え、個人的無意識(personal unconscious)と普遍的無意識(collective unconscious)とに区別する。これらを初めに概念的に規定してゆくよりは、実際的な例をあげて説明するほうがわかりやすいと思うので、筆者のもとに相談に来られた一つの事例について述べる。

これは中学二年生男子の学校恐怖症児で、約二か月間学校を欠席、もちろん本人がなぜ学校へ行かぬかはわからない。母親に連れられて、いやいやながら来談する。三回目の面接時に次のような夢を語る。

夢　自分の背の高さよりも高いクローバーが茂っている中を歩いてゆく。すると、大きい大きい肉の渦があり、それに巻き込まれそうになり、おそろしくなって目が覚める。

この夢について、この少年はほとんど何も思いつくことがない。夢分析の場合、夢内容についてその本人の連想を聞くことは欠かすことのできぬ重要なことである。しかし、この場合は本人は何も思いつくことがない。それよりも、この「肉の渦」といった思いもよらない内容と、その恐ろしさに本人自身もあきれているばかりである。このような場合、この夢内容は、このひとの意識からはるかに遠い、深い層から浮かび上がってきたとしか考えられない。ただ、この夢に対して一つの類推を許すのは、彼の症状としての学校恐怖症ということである。つまり、彼は何ものかに巻き込まれたかのごとく、家から外に出られないともいうことができる。

この少年は何も思いつくことはできないが、この夢の中心をなす恐ろしい渦は、われわれに多くのことを思い浮かばせる。この場合の渦は、渦巻線としてよりは、何ものをも吸い込んでしまう深淵としての意義が大きいが、このような深淵は多くの国の神話において重い役割を演じている。すなわち、地なる母の子宮の象徴であり(2)、すべてのものを生み出す豊饒の地として、あるいは、すべてを呑みつくす死の国への入口として、常に全人類に共通のイメージとして現われるものである。原始時代の人間にとって、地面から植物が育ち、また枯れて土にかえり(と彼らは思ったことだろう)、そして、また、新たな植物、生命が生まれ出てくることは、まったく驚きであり、不可思議であったに違いない。とくに、その植物、つまり穀物によって彼らの生命が維持される場合、この「土の不思議」は彼らの胸を打ったに違いない。かくて、「産み出すもの」としての、母、土、何かを蔵している深さなどは、一体として感じられ、地母神のイメージとして、全世界至るところに見出すことができる。

この、穀物の生成と、母なるものの意味を伝える神話の典型的なものとしては、ギリシャ神話のペルセフォネとその母デメーテルの物語をあげることができるだろう。そして、産み出すものとしての地母神が、また、死の神としての特徴をもつことも、多くの神話に共通に認められる。土から生まれ出た植物が、また土にかえるごとく、すべてを産み出す深淵はまた、すべてのものを呑みつくすものとしての意味も兼ねそなえている。このため、このまったく矛盾している生と死の両方を、一人の地母神が兼ねている例を認めることもできる。たとえば日本の神話で、国土を産み出した母なる神、伊耶那美は、後に黄泉の国に下って死の神となるのである。

図 4　新石器時代の太母神の像
（トラキア出土）

このような深い意味をもった母なるもののイメージは、全人類に共通に認められるものであるが、これを個人的な実際の母親像とは区別して、ユングは太母(great mother)と呼んでいる。地なる母、太母《グレートマザー》が、生の神であると同時に死の神である二重性は、渦巻線によって象徴されることもある。渦巻はまた、太母の乳房の象徴としても用いられるもので、太古からある太母の像には、よく現われるものである。(3) (前頁の図4に、渦巻の印をもった太母神の像を示しておいたので参照されたい。)

渦巻について少し考察を重ねたが、再びわれわれの少年の例について考えると、この少年は、このような意味をもった太母の象徴としての渦のなかに足をとられて抜けがたくなっているのではないか。そして、この少年が学校を休んで最も熱中していたことは、石器時代の壺を見ること、そして、そのまがいものを自分で焼いて作ってみることであったことは、非常に示唆するところが大きいと感じられる。すなわち、壺は、産み出し、あるいはすべてを呑み込むものとして、最も普遍的に太母神の象徴となっているものだからである。実際、古代において、壺そのものが、あるいは壺に目鼻をつけたものが神として、信仰の対象となっていた例は多い(図5参照)。また、この少年は、夢について初め何も連想できなかったが、次回の面接において、肉の渦のイメージの凄まじさについて話をしていると、急に、「僕は家で甘やかされているのが嫌だ」と語り、ここから治療的な話が発展したことを考えると、前述の点が、より裏づけられたものと思われる。そして、結局は父親が精神病であるので、それが級友に知れるのが嫌さに学校へ行かないのだと打ち明ける。さて、この場合、父親が精神病であることが、この少年が学校へ行かなくなった本当の原因であるというべきであろうか。確かに、父親の精神病は辛い事実である。しかし、そのために学校へ行かないというのは、少し反応が強すぎると感じられないだろうか。このような場合、ユングは、「すべての心的な反応は、それを呼び起こした原因と不釣合いの場合には、それが、それと同時に何らかの元型によっても決定づけられていないかを探求するべきである[4]」と述べている。つまり、この場合であれば、父親の病気という原因と同時に、その背後にある元型的なもの(次節参照)を問題とすべきことを示唆している。実際、この事例の場合は、この弱い父親像の背後に渦巻いている肉の渦、つまり、何ものをも呑みつくす力をもった元型的な太母の像の存在が、大きい条件となっていることに、われわれは

図5　壺
(前8〜前4世紀，プロシア出土)

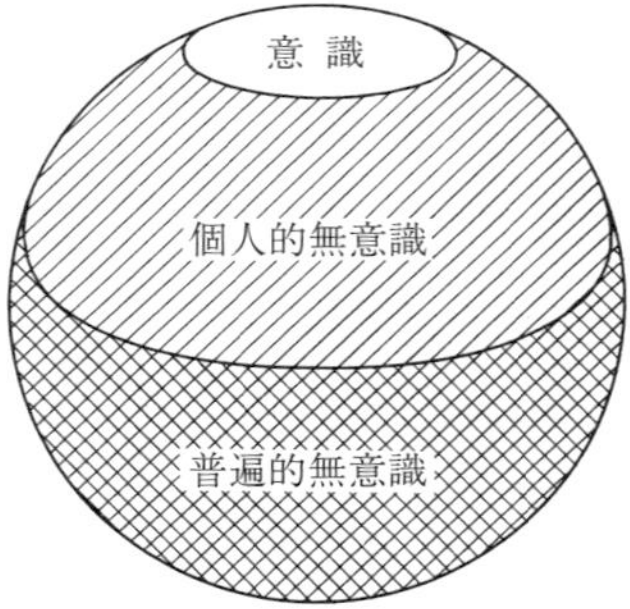

図6

思い至るわけである。この少年が、これらのことについて語った後、父親の問題を未解決のままで登校に踏み切っていった事実も、父親のことが、むしろ派生的なことであったことを示している(父親の問題も、少年が登校したあとで、母親が処置を考えることになったが)[5]。

この少年の夢に生じた内容は、彼の個人的経験としてよりも、神話的なモチーフとの強い連関性をもち、全人類に普遍的に存在する層に属しているものと考えられる。以上のような点から考えて、ユングは、人間の心のなかに意識と無意識の層を分けるのみでなく、後者をさらに個人的無意識と普遍的無意識とに分けて考えた。この三つの層をユングの言葉に従って述べると次のようになる[6]。

(1)意識

(2)個人的無意識　これは第一に、意識内容が強度を失って忘れられたか、あるいは意識がそれを回避した(抑圧した)内容、および、第二に意識に達するほどの強さをもっていないが、何らかの方法で心のうちに残された感覚的な痕跡の内容から成り立っている。

(3) 普遍的無意識

これは表象可能性の遺産として、個人的ではなく、人類に、むしろ動物にさえ普遍的なもので、個人の心の真の基礎である。人間の無意識の奥深く、このような人類に普遍的な層を考えるのは、ユングの特徴であるが、この点も、彼がフロイトと説を異にして訣別してゆく原因となったものである。この普遍的無意識の内容は、さきの例にも示したように、神話的なモチーフや形象から成り立っているが、この内容は神話やおとぎ話、夢、精神病者の妄想、未開人の心性などに共通に認められる。このような例として、ユングは一人の分裂病者の妄想と、古いミトラ祈禱書に書かれてある内容との一致した例をあげている(7)。

これを簡単に述べると、ユングは病院で、ある分裂病患者が目を細めて窓外の太陽を見ながら、頭を左右にふっているのに出会った。患者はユングに対して、目を細めて太陽を見つめると、太陽のペニスが見え、自分が頭を揺り動かすと、それも動くが、それが風の原因だと語る。さて、ユングがあるときギリシャ語で書かれた前述の本を読んでいると、そのなかに、太陽からありがたい筒が下っているのが見えること、それが西に傾くと東風が吹き、東に傾くと西風が吹くこと、などが記されているのを発見する。前記の患者はギリシャ語は読めないし、この本が出版されたのも患者が妄想を語ってから後のことであるから、このような内容を患者がどこかで読んでいたとは考えられない。このように、患者の妄想と神話的な内容との一致は、たんなる偶然といって無視できるかもしれないが、いつもそうであったように、ユングはこの奇異な現象を偶然とは考えずに、真剣に取り上げて研究の対象としたのである。そして、これから後にも所々に述べるように、このような現象がたんなる偶然ではなく、とくにわれわれが心理療法という分野で観察を続けるときは、案外しばしば生じてくるものであることがわかってきたのである。

このような研究を通じてユングは普遍的無意識を考え、さきに述べたコンプレックスが個人的無意識内に存在するものであるならば、普遍的無意識の内容として、次節に述べる元型の考えを導入したのである。(8)

2 元型

前節にあげた例においては、一人の中学生の学校恐怖症という症状とともに、古い壺に対する愛着、渦のイメージなどと一連の、神話の主題としては、太母《グレートマザー》の象徴と考えられるものが同時に生じてきたことを示した。このように、人間の普遍的無意識の内容の表現のなかに、共通した基本的な型を見出すことができると考え、ユングは、それを元型と呼んだ。彼が、この言葉を初めて用いたのは、一九一九年であるが、(9) それまでは、ヤコブ・

ブルックハルトの言葉を用いて、原始心像(primordial image, urtümliches Bild)と呼んでいた。しかし、後年にはこの両者を区別して用い、元型は仮説的な概念であって、心の奥深く隠されている基本的要素であり、原始心像は、それの意識への効果、すなわち意識内に浮かび上がってきた心像をさしているとした。つまり「元型そのもの」は、けっして意識化されることがなく、不可視の節点のごときもので、その表象としての原始心像(あるいは元型的心像とも呼ぶ)とは区別して考えることが必要である。

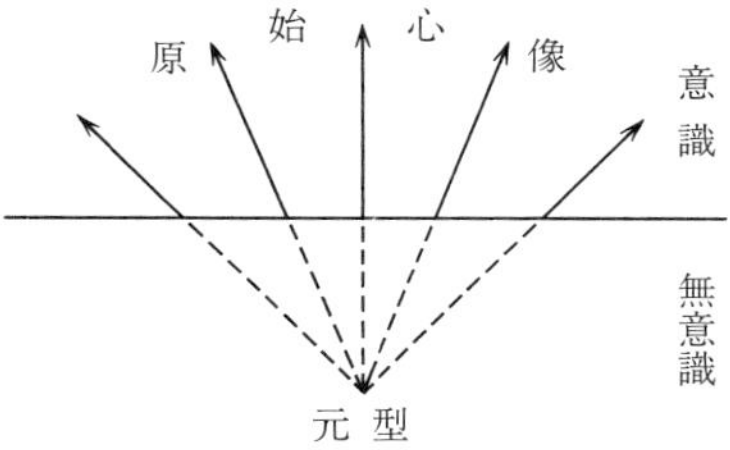

図 7

以上のことを少し比喩を用いて述べてみる。昔、原始人たちが森を開拓して住む所を作ったとする。この開拓された場所については彼らもよく知っているが周囲の森の中はまったく無気味な場所である。さて、ある日、彼らの仲間が何ものかに殺されたとする。彼らはこれを何と説明するか。結局、森の中の不可知なXのためにと考えるだろう。これを彼らは、カミと呼ぶかアクマと呼ぶか、それはわからない。しかし、そのうち彼らが事象をよく観察するうちに、ある殺人のときは、必ずその周囲に同じ足跡を見つけ出すことがあるだろう。そして、また、ある場合は足跡はないが、どのひとも背中に大きい爪跡を受けて死んでいることを発見するだろう。この場合、彼らは、一様に森の中のXと考えていたもののうち、種類を分けて、甲と乙とか、何とか区別を始めることとなろう。この例において、開拓地は意識を、森は無意識を示していると考えてみよう(実際、夢ではそのように表わされることがよくある)。そして、殺人に伴う足跡は、意識に表われた原始心像と考えられるだろう。この場合、彼らは一度もその怪物を見たことがない。しかし、いつも生じる共通の型から、怪物Xの存在を仮定することは、当を得たことと思われる。そして、その型の類別によって、また怪物YやZを見つけ出し、そのやり口を研究することは、その防御策へとつながってくる。つまり怪物そのものの存在はわからないが、その現象を類別することによって、より効果的にその被害をさける手段も見つけうると考えられる。このことは、われわれが、意識化されることのない節点としての元型を、仮説的概念として導入することの意義につながっている。つまり、このような基本的な型を考えることによって、意識現象(この場合、原始心像)を把握し、われわれの意識体系が無意識からの原始的な力のもとに、ほしいままにされることの危険性を免れようとするのである。ただ、この場合、怪物Xと思っていたのは、実は開拓の際に森の中に逃げこんだ動物、たとえば熊であることが判明したようなときは、これは、われわれの図式でいえば、意識から抑圧された個人的無意識の内容が、再び出現して意識の障害をひき起こしていたのが、はっきりと意識化されることによって、問題が解決される現象に相当することになろう。

以上のたとえからわれわれは神話の成立、あるいは神話の意味について考え及ぶことができる。さきに、たとえとして怪物による被害などを述べたが、実際には、原始人にとって自然現象のすべては、驚きと疑問の対象であったに違いない。夜と昼との交代、その間における太陽と月の動き、あるいは嵐や洪水などは、つねに彼らの心に何らかの働きかけをなしたに違いない。それがどのような反応を彼らの心のなかにひき起こしたかは、直接知るよしもないが、彼らの残した神話によって、ある程度の類推をすることができる。そして、これらの神話があまりにも明瞭に自然現象のアナロギーであることがよみとれるので(たとえば、太陽神話など)、結局のところ、神話は原始人が自然現象を説明するために考えだしたものとする学者さえあった。事実、初めは宗教的意味の強かった神話という母胎から、自然科学が育っていったのでもあるが、だからといって、神話を原始人の説明欲求に基づく低次の物理学理論のようにみるのは、あまりにも一方的にすぎると思われる。むしろ、そのような物理的説明としてのみならず、このような自然現象、およびそれによって生じる心の動き、驚きや悲しみや喜びなどを、自分の心のなかに基礎づけ、安定させてゆくための試みとして、神話をみることも大切ではなかろうか。この点、神話学者のケレーニィ[10]が、真の神話は事物を説明するのではなく、事物を基礎づけることのためにあると考えるのは、非常に示唆深い。この点について、もう少し詳しく説明してみることにする。

　まず、自然現象が古代のひとによって記述される際に、どうして自然現象そのままではなく、空想的な話によってなされたのかを問題にしたい。たんなる物理学、天文学としてならば、東から昇る太陽はあくまでも、太陽の姿として記述されるべきであるのに、どうして、それは黄金の四輪馬車に乗る神として述べられねばならなかったのか。それについて、ユングは、古代のひとが外部の現象のみでなく、それが彼の心の内部に与えた動きをも述べようとしたのではないかと考える。むしろ、外に起こることと内部に生じる心の動きとは分離できぬものとして、その主客分離以前のものを、生き生きと記述しようとした試みとして、神話の言葉をよみとろうとするのである。この実例として、ユングは東アフリカのエルゴン山中の住民のところに滞在していたときの体験を述べている[11]。この住民たちが、日の出の際に太陽を崇拝することを知ったユングは、「太陽は神様なのか」と尋ねてみる。住民たちは、まったく馬鹿げたことを聞くという顔つきで、それを打ち消した。そこで、ユングは、そのとき空高く昇っていた太陽を指さして、「太陽がここにいるときは神様じゃないというが、東の方にいるときは、君らは神様だという」と、さらに追及すると、皆はまったく困ってしまう。やがて、老酋長が、「あの上にいる太陽が神様でないことは本当だ。しかし、太陽が昇るとき、それが神様だ」と説明する。つまり、彼らにとっては、朝になって太陽が昇る現象と、それによって彼らの心の内部にひき起こされる感動とは不可分のものであり、彼らには、その感動と昇る太陽とは区別されることなく、神として体験される。実際このような体験を把握することは、合理的な思考法のみで固められたひとにとっては、なかなか困難である。太陽は神であるか、神でないか、どちらかであるとか、太陽を崇拝するならば、太陽はつねに神であらねばならぬとか、はっきりと割り切って物事を考える態度をとるときは、このような、元型的な体験を把握することができなくなる。つまり、われわれの合理的知性にみられるような絶対的な区別がなく、主体と客体との不可思議な一体化が生じるのであり、これをユングは、レヴィ・ブリュルの言葉を用いて、神秘的関与(participation mystique)と呼んでいる。

　以上のように考えると、神話というものは、それに対応する外的な事象が存在したことも事実であるが、それのみが神話を決定するものではなく、それと同時に、それに伴う内的体験が重要なものであることがわかる。われわれは、外的な現象に対して、「なぜ？」と尋ね、それを合理的な知識体系へと組織化してゆくと同時に、その底においては、心の内部に流れる体験を基礎づけ、安定化させる努力、すなわち、神話を作り上げることが行われているのである。このことを、さきにあげた神話学者のケレーニィは、「なぜ」の背後にある「どこから」(whence?　woher?)という疑問に答えるものであると述べている。[12]実際、嵐という現象を高気圧や低気圧、空気の移動などによって説明されるよりは、前にあるものは、家をも木をもなぎ倒して突進してゆく、オータンの軍勢の行進であるというお話のほうが、はるかにわれわれの心に直接に働きかけてくるのである。あるいは、その歌声によって舟人をひきつけ、深淵にさそい込む、ローレライの美女のお話は、われわれに、ローレライの不可知な美しさと、その裏にひそむ抗しがたい危険さを、生き生きと感じさせるのである。そして、それゆえにこそ、これらの話は、われわれの知的な判断によれば無意味であることが明らかであるのに、今なお、生命を保っているのである。そして、このような凄まじい嵐の神の男性像、美しさと恐ろしさを兼ねそなえた不可知の女性像は、われわれが世界中の神話やおとぎ話などを読めば、あらゆるところに見出すことができるのである。このように全人類に普遍的に認められるモチーフを、ユングが元型と呼んだとも考えられる。つまり、われわれ人間の知的なレベルではなく、もっと深いレベルにおいて、原初的な心性に通じる、表象の可能性が存在し、それらを、ある程度、類型的に把握することが可能である、あるいは、類型的にとらえることが便利であると考えるのである。

以上、神話との関連において、ユングの元型の考えを述べてきたが、もう少し説明をつけ加えたい。ユングの元型の考えが、よく誤解される点は、それを人間が古代に獲得したイメージが遺伝されたものと受け取られることである。もちろん、人間が生後に獲得したものが簡単に遺伝されるとは考えられず、ユングも、このようには考えていない。元型とはむしろ、人間が生来もっている「行動の様式」(pattern of behavior)というべきである。あるいは、古来からの遺産としてみるならば、遺伝された理念とか心像とかではなく、そのような表象の可能性である。つまり、昇る太陽を見たときに、それをそのまま太陽としてみるよりは、「神」として把握しようとする様式が人間の心の内部に存在していると考え、そのような把握の可能性としての元型を考えるのである。しかし、この元型そのものは、あくまで、われわれの意識によってはとらえることができず、結局のところ、その意識に与える効果によってのみ、認識されるにすぎない。そして、その効果こそが、さきほどから神話を例にあげて述べているような、原始心像なのである。実際、元型は、その姿を隠喩(metaphor)によってのみ、われわれに示すものといってよいだろう。そして、このような隠喩をよみとることのできぬひとにとっては、元型は合理的な理解を超えた深い謎としか感じられぬことだろう。

次に、元型的なものの把握を困難にする他の理由として、主体性の関与という点があげられる。さきに、エルゴンの住民の例をあげたとき、主観と客観の分離以前の一つの体験として、昇る太陽が把握されることを述べた。このように、元型的な心像の把握は、われわれの主体性の関与と、主体と客体を通じての一つの型の認識なくしては、不可能なのである。

以上の点から考えても、元型について、このような抽象的な論議を重ねることは、無意味なことであり、その実際例に基づいて話をすすめるほうが、はるかに意義があると思われる。以後は、もっぱら、例を示して説明を加えてゆきたいと思う。ユングが元型として取り上げたもののうち、とくに重要なものは、ペルソナ(persona)、影(shadow)、アニマ(anima)、アニムス(animus)、自己(self)、太母(great mother)、老賢者(wise old man)と名づけられるものである。このうち、太母については、すでに少し言及したが、その他のものについては、他の章でふれることにして、次節に、元型のうちで、最も理解しやすいと思われる「影」について述べる。

3　影

多くの元型のうちで、そのひとの個人的な心的内容と関連性が深く、したがって理解しやすいものが、影である。影の内容は、簡単にいって、その個人の意識によって生きられなかった半面、その個人が認容しがたいとしている心的内容であり、それは文字どおり、そのひとの暗い影の部分をなしている。われわれの意識は一種の価値体系をもっており、その体系と相容れぬものは無意識下に抑圧しようとする傾向がある。たとえば、子どものときからおとなしく育てられ、攻撃的なことをいっさいしないようにしてきたひとにとって、少しでも攻撃的なことは、その意識体系をおびやかすものとして、すべて悪いこととして斥けられる。この際、このひとの影は非常に攻撃的な性質をもったものとなる。また、実際生きてゆくうえにおいて、一般に、ひとびとは他人を傷つけるとか、極端にひとをだますとか、下品なことを公衆の面前で話すとか、のようなことはしないでいる。このような一般に社会で悪といわれていることは、影の大きい部分でもある。このような部分は比較的万人に共通しているが、個人によって価値体系や生き方が異なるように、その影も、非常に個人的な色彩が濃い面もある。しかし、このような影があってこそ、われわれ人間に、生きた人間としての味が生じるのであって、ユングも「生きた形態は、塑像として見えるためには深い影を必要とする。影がなくては、それは平板な幻影にすぎない」と述べている。(13)影のないひとは、いかに輝いて見えても、われわれはその人間味のなさにたじろぐことだろう。シャミッソーの有名な『ペーター・シュレミール』のお話は、影を失った男の悲哀を、うまく描き出している。この素晴らしい物語の最後に、シャミッソーは、この物語を皆さんにおくるのは、人間として生きるためには、第一に影を、第二にお金を大切にすることを知って欲しいためだと書いている。これを見て、筆者はある精神分裂病のひとの夢を思い出した。夢のなかで、このひとは、自分の影が窓の外を歩いてゆくのを見るのである。自分の影が自分のコントロールを離れて、一人歩きを始めたらまったく危険きわまりないことである。

分析を受け始めると、ほとんどのひとがこの影の問題にぶち当たる。自分の生きてこなかった半面、いわば自分の黒い分身は、夢のなかでは、自分と同性の人間として現われることが多い。たとえば、次に、ある三十歳の男性の夢をあげる。このひとは非常に気の弱いひとで、赤面恐怖に悩んで治療を受けにきたのである。

夢 教室で勉強している。数学の時間で先生が私に質問をする。私は答えようとするが、全然思いつかない。先生は非常に意地悪い顔つきで、こんなものがわからないのかといい、しまいには「君はいつもこんな調子で、結局顔は赤くなるし、物はいえないし」という。他の学生たちまで、それに呼応して、「赤くなる！」とか、「何もできない！」とか叫び出し、私は冷汗を流して、目を覚ます。

この夢をみたひととは、小さいときから女のようにしてすごし、人に意地悪をしたり、権威的な態度をとったりすることが大嫌いで、また、そんなことはけっしてできなかったひとである。このひとが自分の意識体系から完全にしめ出してきたものが、この夢では総出になって、このひとをおびやかしている。連想の内容から、この先生像は父親の像とも関連の深いことがわかったが、分析の初期にあっては、このように影の像が、両親の否定的な面と重なって出てくることが多い(分析が進むにしたがって、それらは分化され、明確化されるが)。さて、この夢によって、このひとは、自分がひたすらきらってきた意地悪さや、攻撃性などが、実は自分の無意識の世界に強力に充満していることを知らされ、それに直面してゆくことを知らされたわけである。今の場合、抑圧されていたものは、確かに一般にもあまり承認しがたいものであるが、影はいつもそのように、一面的な悪とは限らない。次に、もう少し分析のすすんだ段階での他のひと(二十五歳の男子)の夢を示す。

夢　私の兄が何か反社会的なことをしたため逮捕されることになる。夢のなかでは、これは武士の時代のようになっていて、兄は拘引されるよりは切腹を希望する。私もそれを当然のことと思っている。ところが、切腹のときになって私は「死」の意味することがはっきりとわかり、必死になって兄を止める。「死なないで、ともかくどんなことがあっても生きてさえいれば、会うこともできるし話し合いもできる。死んだらおしまいだ、死なないで！」と私は叫ぶ。

この夢を見た男性は、何事も割り切って考え、あまり無理なことをしないのを信条としてきたひとである。社会できめられたことは守り、その線で合理的に生きてゆくのであり、この反面、夢に出てきた兄が、何とか現状を打ち破り、法律を曲げても、状態をよくするために行動するのと対照的であるという。そして、そのような兄の行動を、情に流されて無駄骨を折っているとよく思ったとのことであった。この場合、自分と好対照をなす兄の像が、影であることはいうまでもない。何か逮捕されるような反社会的なことをした点にも、はっきりそれが表われている。しかし、面白いのは、それからあとの筋において、このひとと影との間に微妙な役割の変化や関係が生じてくることである。逮捕よりは切腹をよしとして兄は死のうとし、自分も当然と思う。このあたりは社会的規範に従って割り切って考えるひとの態度がよく出ているが、反社会的な影の兄まで、この規範に従っているところが興味深い。そして最後の瞬間に、このひとの態度が逆転し、社会的な通念、切腹をよしとする考えに反して、生きることを兄にすすめて、死なないでと叫ぶのである。情に流されて無駄骨を折っている兄を笑っていた彼が、ここでは、自分の心のなかに流れる感情に従って、社会的通念を破って行動する。このようにして、彼は自分の影の死を救ったのである。そして、「生きているかぎり話し合える」と叫んだことも意義が深い。彼は今後、この死を免れた影との話し合いを続けることによって、おそらく、その生き方を変えてゆくべきことが示唆されているからである。

この例に見られるとおり、影はつねに悪とは限らない。確かに、このひとの場合であれば、行動的に生きることや、感情のおもむくままに生きることは、馬鹿げて見えたり、嫌だったりしたであろうが、それはむしろ、今後、自分のなかに取り上げられ、生きてゆかねばならない面と考えられる。つまり、今までそのひととしては否定的に見てきた生き方や考えのなかに、肯定的なものを認め、それを意識のなかに同化してゆく努力がなされねばならないのである。このような過程が分析において生じるのであって、これをユングは、自我のなかに影を統合してゆく過程として重要視している。分析というと、何か自分の心理状態を分析してもらって、分析家に、あなたは何型ですとか、こんなところがありますが、こんなところはありませんとかいってもらって終わるものと思うひともあるが、そんなに簡単なものではない。自分で今まで気づいていなかった、欠点や否定的な面を知り、それに直面して、そのなかに肯定的なものを見出し、生きてゆこうとする過程は、予想外に苦しいものである。影の自我への統合といっても、実際にするとなると、なかなか容易ではない。

夢の例をさきにあげたので、あるいはわかりにくかったかもしれないが、自分の影のイメージを、実在しているひとのなかに探すのは、それほどむずかしいことではない。自分の周囲にあって、何となくきらいなひとや、平素はうまくゆくのに、ある点でだけむやみと腹が立つようなとき、それらは自分が無意識内にもっている欠点ではないかと考えてみると、思い当たることが多いに違いない。われわれは自分の意識の体系をもっているが、それを簡単に作り変えるのは容易なことでないので、ともかく、それをおびやかすものは、悪として斥けがちになる。自分の知らないこと、できないこと、嫌いなこと、損なことは、ともすると悪と簡単な等式で結ばれやすい。たとえば、さきの赤面恐怖のひとの例をとると(このひとは日本人ではない)、このひとは軍人が大嫌いであった。このような場合、このひとにとって、「軍人のなかには偉いひともいる」ということを認めることは非常にむずかしいことであった。考えてみると、すべての軍人というのではなく、なかには偉いひともいるというのは当然のように思える。そして、知能の高いこのひとが、こんな自明のことを承認できぬのを不思議に思うかもしれない。しかし、問題はけっして知能の点ではない。これは知的判断の問題ではなく、このひとが長らくもち続けてきた人生観、それを単純な式であらわせば《軍人＝攻撃性＝嫌い＝悪》となるものを打ち破るという、たいへんな問題なのである。意識内の等式と違って、無意識内の等式は、不合理で、強力な情動によって武装された頑強さをもち、例外を許さぬ偏狭さをもっている。この等式に例外を認めることは、人生観の改変を意味する。それがすなわち、影の統合なのである。

実際、読者の方は、知能の高いひとが、あきれるほど偏狭な考えをときにもっていて、それをなかなか変えられぬ例をすぐ思いつくことができるに相違ない。それは、そのわかりきった命題を認めること、たとえば、女性のなかには頭のよいひともいる、とか、共産主義者のなかにもものわかりのよいひともいる、とかを認めることは、ただちに、そのひとにとっては、自分の影と直面することを意味する場合である。ともかく、実際には、自分の影に直面することは恐ろしいことなので、だれもが、何らかの方法で、自分の影を抑圧したり、認めることを避けようと努めている。ただ、この場合、抑圧があまりにも強すぎて、影と自我との間に交流がなさすぎるときは、影はより暗く、より強くなり、自我への反逆を企てることになる。これは、隣国を恐れるあまり、国境を閉ざして交易をしなかったら、そのうちに隣国が強力となって、攻め込んできたという状況にたとえられるだろう。影の自律性が高まって、自我の制御を越え、突発的な行動として外に現われるのである。この現象が最も劇的な形で現われるものに、二重人格の現象がある。あまりにも強く抑圧され、自我との交流を断たれた影は、だんだんと強力になり、それ自身が一つの人格となって自我に反逆する。この例としてセグペンとクレックレーの報告した有名な多重人格の事例[14]によって説明してみよう。

　これはアメリカの二十五歳の家庭の主婦であるが、彼女は自分のまったく知らない間に、自分にはおよそ似合わない派手な衣服を買い込んでいて、服屋の料金請求を受けて驚いてしまうのである。彼女はまったく覚えがないが、服屋は料金を求めるし、彼女の衣装だんすからは、問題の衣装が出てくるので、いい逃れができない。このため、彼女は心理療法家のもとに治療を受けに来るが、なかなか、この不思議な現象の謎は解けない。とうとう、治療中に彼女を催眠状態にして話し合っていたとき、彼女とはまったく異なった人格が現われ出て、治療家を驚かすのである。この二人の女性(といっても肉体的には同一人物であるが)を区別して、治療家は、イヴ・ホワイトとイヴ・ブラックという名を与えている。さて、突然に現われたイヴ・ブラックは、彼女こそイヴ・ホワイトの無意識のうちに服屋に行き、彼女に似合う服を買ってきた人物であることや、その他、イヴ・ホワイトの知らぬうちに、いろいろといたずらをし、そのためにいつもイヴ・ホワイトが叱られていることを、愉快そうに話す。イヴ・ブラックこそは、この地味で、むしろ陰気でさえあるおとなしい家庭の主婦の影であった。実際、この二人の女性の性格はまったく、黒と白の好対照をなしていた。イヴ・ホワイトのほうは、地味で慎み深く、まるで聖女のようであり、いつも悲しみをたたえた表情で、陽気になることがなく、声も温和で慎み深いものであった。ところが、このイヴ・ブラックは、派手好みで、陽気で、小さい魔女のようで、声も粗野であった。そして、イヴ・ブラックのほうはイヴ・ホワイトの存在をよく知っており、ときにイヴ・ホワイトととって代わり、派手な服装を身につけて、ナイトクラブに現われ、その魅力をふりまいて男性たちと遊び、何くわぬ顔で帰宅する。翌朝になると、もう、イヴ・ブラックは消え去り、イヴ・ホワイトとなり、彼女は、自分には理由のまったく不明な頭痛と疲労感を感じて目覚めることになる。

さて、この治療家は、イヴ・ホワイトを催眠状態にして、イヴ・ブラックを呼び出し、この両者と根気よい話し合いを続け、これを統合された一つの人格とすることに努力するのである。その過程は省略するとして、ここに注目すべきことは、治療者がいみじくも名づけたように、人生の白い面のみを生きてきたイヴ・ホワイトの無意識内に、その生きられなかった黒い半面が人格化されて存在し、イヴ・ブラックとなって、それがイヴ・ホワイトの制御を越えて活動し、悩ますようになった事実である。これは、影の現象と、その恐ろしさを生き生きと示している好例であると思われる。

黒と白の二人のイヴの例はあまりにも劇的なものであるが、このような事実が、文学作品として描かれている素晴らしい例としては、スティーヴンスンの『ジキルとハイド』や、オスカー・ワイルドの『ドリアン・グレイの肖像』などをあげることができる。なお、このジキルとハイドの物語の骨子を、スティーヴンスンが夢のなかで見たという事実[15]は、なかなか興味深いことである。これらの一見、非現実的にみえる物語が、多くのひとの心を打つのも、結局は、これらがわれわれ人間の心の内的現実を見事に拡大して、明確にとらえてみせてくれたからにほかならない。われわれが普通に考えてみても、ジキルとハイドほどに、際立った白と黒の部分が心のなかで交代することは少ないにしても、酒に酔ったときとか、勤務を終えて家庭に帰ったときとか、われわれの自我の制御力が弱まるときに、普段の性格とは逆の性格が現われる例を容易に認めることができる。実際、われわれの影は、親しいひとの前ほど、よく現われる傾向があるので、どんなに偉大なひとでも、その奥さんや女中さんからは尊敬されないどころか、少しは軽蔑されていることも多いものである。

ある個人が、その影をあまりにも抑圧しているときは、結局その影の犠牲になる例の多いことをさきに述べたが、この犠牲が他人に及ぶような場合もある。すなわち、両親の影を子どもが生かされているとでもいいたいような例である。父親がまったく道徳的で、だれから見ても非の打ちどころのない教育者であるのに、その子どもはまったく逆の、手に負えない放蕩息子であるような例が、ときどき存在する。「子は親に似るもの」と単純に信じているひとは、このような例に驚くのであるが、この場合も、この子は親に似たのである。ただ、それは親の生きていない半面、その影に似たわけである。あるいは、いわゆる聖人の影を、その夫人が背負わされて生きている例もある。このようにして、一つの家族が一つの人格構造をもっているような感じを抱かせるような例は非常に多い。この場合、一見すると徳の高い教育者が、その放蕩息子のために名誉を傷つけられたり、心の清い聖人が悪妻に悩まされたりしているように感じられるが、実のところ、この放蕩息子や悪妻は、有徳のひとの影の犠牲者であるとの見方もできるのである。このようにいったとしても、もちろん、すべての宗教家や教育者が家族を苦しめているなどという気はない。実際、自分の影に直面して苦闘している真の宗教家や教育者はたくさん存在しているから。影の問題は生きてゆく上において、確かに厄介なものであるが、厄介なものであるだけに、これを他人に背負わすことなく、自分で責任を取って生きてゆくのが、本当の生き方であろうと思われる。

　影を認知し同化することのむずかしさは、われわれに投影の機制をフルに用いさせることになる。自分の内部にある認めがたい影を他人に投影し、とかく悪いのは他人で、自分はよしとするのである。このような傾向が一般化し、一つの民族や一つの国民が、その全体としての影を何ものかに投影するような現象も、全世界を通じてしばしば認められるのである。たとえば、ある国によっては、他の一つの国民をまったく馬鹿にするとか、悪人であるとかきめつけて考えるようなことが非常に多い。われわれ日本人にしても、戦争中は鬼畜米英などと教えられ、アメリカ人はすべて鬼のように恐ろしいと信じ、また、アメリカ人も、日本人の残虐さを確信していたことだろう。実際、一国のひとすべてが鬼に等しいなどという単純な現象は起こりようもないが、この単純な考えを、一国のほとんどのひとが信じるという現象が、しばしば起こるという事実を認識することは大切なことである。内部にあるはずの悪を他にあるように信じることは、何と便利なことか。このことを知っている狡猾な為政者は、適当に影を投影する方法を探し出すことによって、全体の団結を高める。その顕著な例として、ヒトラーによるユダヤ人の排斥をあげることができるだろう。ヒトラーの強力な全体主義体制によって生じる問題を、すべて悪としてのユダヤ人に国民の目を転じさせることによって、免れようとしたとも考えることができる。「結局悪いのはユダヤ人だ」という標語によって、個々のひとは責任逃れの団結を固めてゆくことができる。この現象は、人間がグループをなすところ、つまり、一つの村で、学級で、家族内で、あるいは友人間にさえ、つねに起こる現象である。しかし、他に悪者を作ることによって得られた団結は、みせかけの強力さにもかかわらず、きわめてもろい反面をもっているものである。真の団結は、グループの個々の成員が、その影を認識し、責任をもって同化に努めることによって維持されるものである。

影の部分のうち、個人的色彩の強い部分は、そのひとにとって否定的に感じられるが、結局は、その否定的な面に直面し同化してゆこうとするときは肯定的な意味をもってくることが多い。この例として、さきに兄の切腹をとどめた夢を見たひとをあげた。実際、影のなかに光を見出すともいえるような、この微妙なニュアンスを知ることは、影の理解にとって真に大切なことである。しかし、影のなかでも普遍性の強い部分、普遍的影(collective shadow)と呼ばれる部分は、多くのひとびとに共通に悪として感じられてきたものであり、これを内的に認知してゆくことは、非常にむずかしい。このような普遍的な影のイメージは古来から、悪魔や鬼、化け物などとして、各国の民話や伝説のなかに表わされている。そして、これらの話を心して読むことにより、われわれ人間が、自分の影の現象をどのように考え、あるいは感じてきたか、そして、影の問題にどのように対処してきたかを知ることができる。これらの詳細な分析は、また機会を改めて試みることにして、ここでは、その重要性を指摘することにとどめておく。ただ、このように昔話とか、悪魔などについて語ると、人工衛星が飛ぶ時代においては、まったく時代錯誤であるとの感をもつひともあろうが、筆者の問題にしているのは悪魔の存在ではなくて、そのような心像を作り出した、心の現象についてであることに注意していただきたい。たとえば、現在では非科学的な悪魔やお化けを恐れるひとはほとんどなくなった(まったくないとはいえぬようだ)が、これはけっして、われわれの心のなかにある非合理な影の消滅を意味していない。このため、現在のひとたちは、癌恐怖症にかかる。いつも合理的に生きているひとが、少しの腹痛から胃癌だと自己診断を下し、医者にゆくのを恐ろしがったり、なかには医者の科学的判定を疑ってまで、まだくよくよと心配したりする例は、すぐに見つけ出すことができる。ここに大切なことは、癌そのものは実在することが科学的に証明されているが、その恐怖のほうはきわめて非科学的なものが多いことである。非合理な恐れを、科学的な対象に向けることによって、自分の恐怖心を近代的だと思っているひとは、悪魔を恐れて祈った昔のひとたちの心性とあまり差がないというべきだろう。われわれは、昔話の主人公たちを笑ってばかりもいられないのである。もちろん、癌そのものは実在し、恐ろしいものであり、われわれはその対策に力をつくさねばならない。しかし、それと、非合理な癌恐怖症とはまったく別物であることを知らねばならない。

さて、日本と西洋とを比較して考えると、われわれは西洋人よりは、影の魅力について、はるかによく知っていたように思われる。実際、筆者の少ない経験においても、影のなかに光があること、あるいは悪を同化する努力のなかに善が生じてくることなどの考えを述べた際に、西洋人は多くの場合、困惑したり強い反対を示す。また、あるときは、このような事実を知ったときは、素晴らしい発見をしたように喜ぶのである。ところが、日本人の場合は、さきのようなことを述べると、むしろ当然のこととして受け取られることが多い。西洋がキリスト教による強い善悪の判断や、合理主義による明確な思考によって、影の部分を意識から排除することに努め、したがって、その影の同化という問題に足ぶみしているときに、東洋人は、陽の極まるところ陰となり、陰の極まるところ陽となる心の現象の複雑さについての知識を豊富にもち、影の多い生活を楽しんできたものともいえる。

注

(1)　たとえば、ハーバート・リード、ポール・ティリッヒ、アーノルド・トインビー、それに神話学者のケレーニィなど、わが国にもよく知られているひとたちを、ユングの考えを受けいれて、その専門の分野に適用しているひととしてあげることができる。なお、ユングの考えの簡単な紹介をした後、それと他の分野との関連、社会的意味について述べたものとして、次の本がある。Progoff, I., Jung's Psychology and its Social Meaning, Grove Press, 1953.

(2) Neumann, E., The Great Mother, Routledge & Kegan Paul, 1955, p. 170. 福島章他訳『グレート・マザー：無意識の女性像の現象学』ナツメ社、一九八二年、一八七―一八八頁。

(3) Neumann, E., ibid., p. 124; p. 106. 前掲注(2)書、一四二頁・一二三頁。写真も同書による。なお日本における地母神の像と思われる土偶に、渦巻模様のあるものも多い。

(4) Jung, C. G., Mind and Earth, C. W. 10, p. 32. 高橋義孝・江野専次郎訳「心と大地」『現代人のたましい』ユング著作集2所収、日本教文社、一九七〇年、一三一頁。

(5) この事例については、第三回日本精神病理・精神療法学会におけるシンポジウム「精神療法の技法と理論」において、ユング派の特徴について述べた際、その考え方を示す例として取り上げた。これは雑誌『精神医学』九巻七号、一九六七年、に掲載してあるので、事例に興味のある方は参照されたい。

この少年は六回の面接後に登校して、その後もずっと学校に行っている。なお、この事例では父親が精神病であるが、学校恐怖症児の家庭において、父親が弱い存在であることは非常に特徴的に認められることである。これは、この家庭における強い元型的な母親像の存在と対応しているものと考えられる。

(6) Jung, C. G., The Structure of the Psyche, C. W. 8, pp. 151-152. 高橋義孝・江野専次郎訳「心の構造」前掲注(4)書所収、一一二頁。

(7) Jung, C. G., ibid., pp. 150-151. 前掲注(6)「心の構造」、一〇九―一一一頁。

（8）Jung, C. G., Archetypes of the Collective Unconscious, C. W. 9, I, p. 4. 林道義訳「集合的無意識の諸元型について」『元型論』所収、紀伊國屋書店、一九九九年、二九頁。

（9）Jung, C. G., Instinct and the Unconscious, C. W. 8, 1919, p. 133. 平野具男訳「本能と無意識」『エピステーメー』五／七七 所収、朝日出版社、一九七七年、二六頁。

（10）このような神話に対する考えは、詳しくは、Jung, C. G. & Kereényi, C., Essays on a Science of Mythology, Harper & Row, 1949. 杉浦忠夫訳『神話学入門』晶文社、一九七五年、一五―四一頁。のケレーニィの序論を参照されたい。

（11）Jung, C. G., The Structure of the Psyche, C. W. 8, p. 154. 前掲注（6）「心の構造」、一一五―一一六頁。

（12）Jung & Kereényi, *op cit.*, p. 7. 前掲注（10）書、一三頁。

（13）Jung, C. G., Two Essays on Analytical Psychology, C. W. 7, pp. 236-237. 松代洋一・渡辺学訳『自我と無意識』第三文明社（レグルス文庫）、一九九五年、二〇二―二〇三頁。

（14）Thigpen, C. & Cleckley, H., The Three Faces of Eve, McGraw-Hill, 1957. 川口正吉訳『イヴの3つの顔』白楊社。

（15）スティーヴンスン、岩田良吉訳『ジーキル博士とハイド氏』岩波文庫、一九五七年、訳者の序参照。

第四章　心像と象徴(1)

前章において、元型そのものについては、われわれは知ることができないが、それの意識に対する効果としての原始心像を把握することはできると述べた。このような観点から、ユングは人間の心のなかに存在する心像(image, Bild)の意義、そのあり方などの研究を非常に重要視した。心像はちょうど、意識と無意識の相互関係の間に成立するもので、そのときそのときの無意識的ならびに意識的な心の状況の集約的な表現ともみられ、その心像の意味をよみとることは、非常に大切なこととなる。意識と無意識の相補性に注目し、外界と内界の微妙な対応性を重んじるユングにとって、この心像の研究が重要視されたのも当然のことといえる。心像の研究は、必然的に象徴(symbol)の研究へと彼を向かわしめ、象徴のもつ創造性の意義を強調し、それをたんなる記号(sign)と区別して考えてゆく点に、ユングの特徴を見出すことができる。実際、ユングの心理学を非常に特徴づけているのは、このような心像と象徴という領域に、彼が着目した点にあるといえる。この章では、心像と象徴について説明するが、これによって、ユングの心理学の特徴を明らかにすると同時に、今までこのような考え方を全然されなかったひとのために、この領域へ入ってゆくための橋渡しをしたいと思う。

1　心　像

ユングのいう心像は一般に用いられるような外的客体の模像という意味は相当うすくなる。むしろ、心像は心の内的な活動に基づくもので、外的現実とは間接的な関係しかもたない無意識からの所産であるといえる。そして、これはあくまで内的な像として、外的な事実とは区別して、その個人に受け取られるものであるから、幻影や幻覚とは異なるものである。幻覚の場合は内的な像が外的現実として受け取られたりして、混乱を生じる病的なものであり、心像はそのような混乱や病的な性格を伴うものではない。このような心像は普通、外的・現実的な価値をもたぬようにみえるが、それは大きい内的価値を有している場合があり、外的なものとも微妙なつながりを有しているものである。この心像のもつ意義について、その特徴として、具象性、集約性、直接性、という点から考察してみたい。

この内的な心像は、われわれの理念の前段階の状態、あるいは理念の生まれでる母胎であると考えられる。われわれが意識的に思考するときは、いろいろな概念をその思考の要素として、それらを組み立ててゆくのであるが、その概念そのものは何らかの心像をその母胎としてもち、それによって無意識の層につながっている。そして、概念のレベルにおける規則と、心像のなかにおける秩序とは、同一ではなく交錯している点に、いろいろな問題が生じてくる。図8に示したような概念的には全然違うものとして分類されているものが、心像の世界では、父の像、母の像としてまとめられている場合もあるだろう。意識の世界では明確に区別され、整理されていたものが、心像の世界のなかでは、思考の対象としての概念が感情や感覚機能の対象としての属性と混合し、意識の世界での時間や空間の秩序を破り、何らかの心像として具象化され、錯合されてゆく。この世界では排中律さえも、しばしば無視されてしまうのである。すなわち部分が等しいと全体も等しいというような非合理な規則が通用する世界であるから、等しくないものが、しばしば相等しいものとされ、たとえば、母、渦、壺などが同一のものとして存在したりするのである。そして、このような非合理的な心像が、具体的なイメージをもって、より高い段階の理念の母胎として存在しており、ある一つの考えが、このような具象化された形で、生き生きと表現されることもあるのである。たとえば、第一章第4節にあげたトランプの夢では、「持ち札にハートが一枚もない」という、きわめて具体的なイメージが、この夢を見たひとに

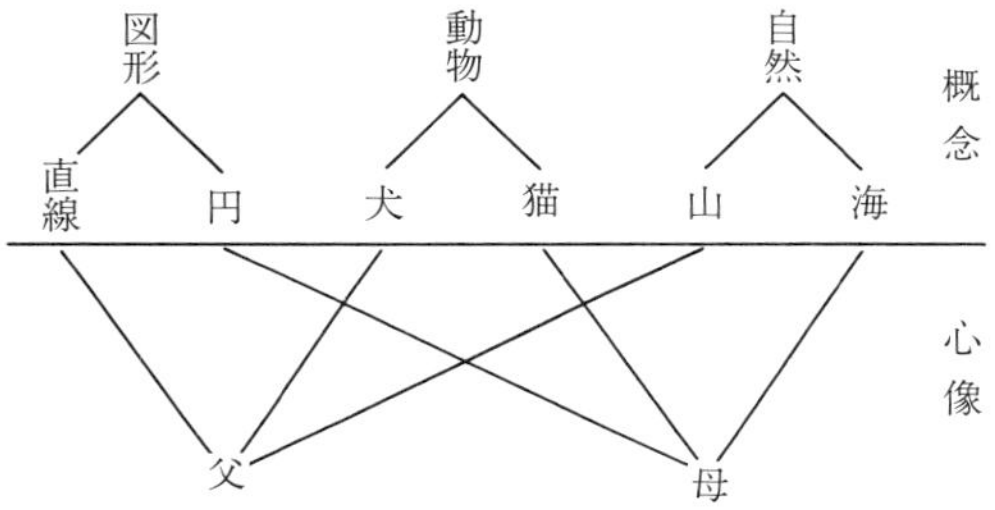

図 8

とっては、自分の生き方に関して、いろいろと考えさせる素材を与え、かつ、自分の現在の状況を生き生きと伝えることになるのである。このように心像の世界があまりにも具象的であるため、かえって一般のひとの理解を困難にしている。具体的なものにとらわれて、その真の意味を見失ってしまうのである。これは、数学の世界があまりにも抽象的であるため、その背後にある具体物との関連がわからず、一般のひとに難解と思われるのと好一対をなしている。

もっとも心像の世界は、具象的であるので、むずかしいと思うよりは、むしろ馬鹿らしいように感じられることが多いかもしれない。しかし、一見馬鹿らしくみえる心像が、強い心的エネルギーをもって形成されているとき、それは意識の世界の概念の組織を打ち破るほど強力なものとなることもある。たとえば、強い権威的な父親像をもち、それを恐れているひとは、自分より目上のひとに対すると、どうしても父親像とこれが重なってしまって、よい関係を結ぶことができなくなる。実際、われわれが神経症のひとに対するとき、合理的な説明がいかに無意味であるかをつねに感じさせられる。対人恐怖のひとに、人間は恐ろしくないことを説明しても始まらない。これらは、結局、そのひとの合理的な判断や、概念の統合性の問題よりも、その背後にある心像の世界へと焦点を向けねばならぬことを、われわれに感じさせる。つまり、概念の世界よりも、むしろ非合理に満ちた心像の世界を扱う点に、心理療法家の特性を認めようとする。すなわち、心理療法家とは、その主体性の関与を通じて、患者の心像の世界を共に体験し、把握して、心像の世界内部の分化と統合を目ざしてゆくものということができる。

心像の把握の困難さは、その集約性においても認められる。内的な像は具象的であるが単純ではない。いろいろな素材の複合体であるが、それ自身の独立した意義をもち、ユングの言葉によると、「心の全体的な状況の集約的表現(2)」である。心像が表現するものは、無意識内の内容全部などというものではなく、ちょうどそのときに一つの布置を形成した(momentarily constellated)内容の表現である。このような布置は、一方では無意識からの所産であると同時に、他方、そのときの意識の状態にも依存している。

たとえば、第三章第3節の初めにあげた、赤面恐怖症のひとの夢について考えてみよう。

この夢のなかに現われた意地悪い教師について、このひとは、これは自分の伯父で軍人になっているひとによく似ていたことを思い出す。ついで、自分の父は軍人タイプであったが、母親は音楽や文学に親しむようなひとだった、そして、自分は母親に似ていたので、父親から厳しく叱られて、小さいときから父親を恐ろしく思っていたことを話す。兵役に入ったときも、もちろん成績は悪いし、さんざんな目にあったこと、母親のほうの親戚は芸術家などが多いのに、どうして父親の親類(伯父)は軍人のようなものになったのだろうと思った。数学の時間という点からは、自分は学校ではだいたい成績がよかったが、数学だけは不得意で、問題ができなくて恥をかいたことがある。また、夢のなかで、級友たちが自分をひやかすところがあるが、自分の名前がおかしい名前なので、級友たちによくひやかされた。考えてみると、その頃から赤面することが多かったように思う。自分は、だから、自分の名前が嫌でしかたがないのに、父親はむしろそれを誇りとしているようなのは、まったく腹にすえかねることであった。そして、これらの話に続いて、結局、自分の出生の秘密が語られ、話はより深い問題へと発展してゆくのである。

その話は省略するが、この例をみても、心像というものがいかに多くの事柄を集約して表現してみせているかがわかると思う。夢のなかの、数学の教師の意地悪さ、数学のできないことの劣等感、級友たちのひやかし、これらはすべて、このひとの過去と密接につながり、そして、現在のこのひとの心の状況をありありと伝えている。図9に示しておいたように、この夢のなかの一人の数学教師という像は、たんに一人の数学の教師を表わしているものでなく、それを取りまく、恐怖感、嫌悪感、劣等感、などを伴って、自分の心のなかの父、伯父、軍人、級友、数学などと密接に結びついているのである。そして、この夢から連想されたことを簡単に述べたが、この一つの夢から、いかに多くの大切なことが引き出されてくるかを、読者の方は気づかれたことと思う。むしろ、引き出されたというよりは、連想に述べられたすべてのことが、この人の心のなかに布置されており、それを生き生きと示したのが、この夢であるということができる。

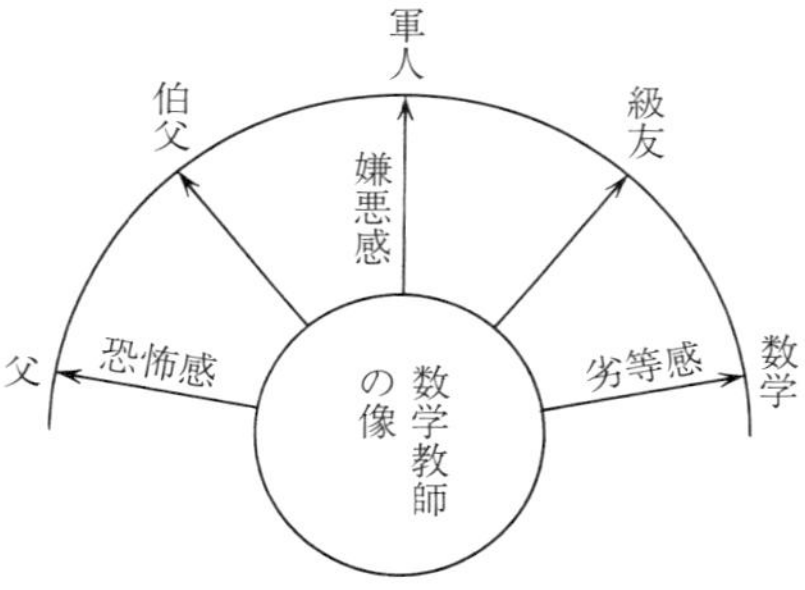

図9

心像の表現が具象的、集約的であることを示したが、次に、その直接性という点について述べる。さきに、トランプの夢について述べたが、そのときに筆者は、一応、このひとの劣等機能としての感情機能の問題を示す夢であると述べた。ここでもし、筆者が夢の分析に頼ることなく、「あなたは思考はすぐれているが、感情の面がおろそかにされているので、その点をのばすようにするほうがよい」と忠告なり、指摘なりをすると、どうであろうか。くり返し述べるが、心理療法とは、患者の欠点を指摘することや、忠告を与えることではない。実際、他人の欠点を指摘することは容易なことが多い。しかし、心理療法家が目ざすところは、そのような欠点を知的に理解することではなく、心にとどくものとして体験し、把握してゆくことである。実際、このひとにとっては、感情や思考などという言葉を弄するよりも、夢のなかで、「持ち札にハートが一枚もなかった」ということ、その心像から直接に得られるもののほうが、はるかに豊かであり、また心にまで響くのである。このような直接的な意味をもつ点が心像の大きい強みである。知的な働きかけは、あるひとを動かすことが少ないが、このような直接体験によるときは、そのひとを動かす基となるのである。

このように心像は強力なものではあるが、ときにそれは非常に難解であったり、明確さを欠いていたり、あまりにも多義的に感じられたりすることも事実である。それゆえにこそ、われわれは心像より直接に得たものから、その具象性を払いおとし、明確さを与えて、洗練された理念にまで高める努力をするのである。しかしながら、われわれが、明確な概念のみを取り扱い、その背後にある心像との連関性を忘れ、概念だけの世界に住み始めると、その概念は水を断たれた植物のようになり、枯れ果てた、味のないものになり下ってしまう。しかし、この逆に、心像のもつ強力な直接性に打たれ、それを概念として洗練する努力も払わず、ただ心像のとりことなって行動するときは、これは生木で家を構築したように、だんだんとひずみが生じてくるのをさけることができない。この両者の関係について、ユングが「理念の特徴が、その明確さ(clarity)にあるとすれば、原始心像の特徴はその生命力(vitality)にある(3)」と述べているのは、真に名言というべきであろう。ここで、ユングはとくに原始心像について述べているが、今まで述べてきた心像の特徴も、原始心像の場合は、とくにそのような傾向が強いということができる。

原始心像は強力であり、また普遍的な意味が濃いが、個人的な心像も、もちろん存在し、これは個人的な無意識内容との関連性が強い。心像の理解を困難にするものとして、その個人性の問題がある。まず第一にいえることは、その心像が生じた個人にとっては、その意味が直接に、強力に感じられても、それを他人に伝えることが非常に困難なことが多い事実である。われわれが夢分析をしていると、その夢のなかの像があまりにも適切なことに感嘆させられることがある。寸鉄ひとを刺す表現に、治療家も患者も共に感心したり、ときには笑い出してしまうほどのことすらあるが、さて、それを他人に伝えるとなると、はたと当惑をせざるをえないことが多い。本人が感激して話をしても、聞くものにとっては、何を馬鹿げたことをと思えるのである。たとえば、すでに例としてあげた、トランプの夢や、数学教師の夢も非常に個人性の強いものであり、読者が、あるいは同様の馬鹿げているという感じをもたれたのではないかと恐れている。また、逆に、心像の直接性と、その強力さを体験したものにとっては、それをとやかく「解釈」されることは、その生命力を奪う小賢しい試みとして感じられるのである。たとえば、これらのひとにとっては、筆者が前述の夢について、感情機能のことを述べたり、父親像について述べたりしたことは、なくもがなのことと思えるのである。実際、この夢が伝えようとすることは、これらのことを含みつつ、それ以上のことがあり、それが集約的に、しかも強烈に、その夢みた個人に伝えられるのである。これらのことを知りながらも、筆者としては、そのなかで、われわれが概念としてつかみえたものを、不完全なかたちで語ることの意義を考えて、前述のような注釈をしたわけである。ともかく、心像のもつ個人的な性格が、その理解を困難にしている点がわかっていただければ幸いである。

　以上、心像の意味の把握が困難である点を明らかにしながらも、心像がわれわれに対してもつ意義の重要さを示してきた。最後に、このような生命力を有する心像は、新しいものを生みだしてゆく創造性へとつながってゆくことを述べねばならないが、この点については、次節における象徴の問題と関連して考察するのが適切であると考える。

2　象徴、その創造性

前節において、心像のもつ生命力について述べ、それが新しいものを生み出す母胎であることを指摘したが、その創造的な面が、最も顕著に認められるものが、象徴である。ユングは、象徴を記号または標識とかたく区別して考えた。彼によれば、一つの表現がある既知のものを代用し、あるいは略称している場合、それは象徴ではなく、記号である。これに対して象徴はたんなる既知のものの代用などではなく、ある比較的未知なものを表現しようとして生じた最良のもの、その他にはこれ以上適切な表現法が考えられないという場合である。たとえば、ユングの例に従うと、(4)十字架を神の愛の象徴だと説明するのは、むしろ記号的な説明である。それを神の愛という言葉で説明し去ってしまうならば、むしろ十字架というほかにも意味をもつようなもので表現する必要もないし、この場合、十字架は一つの記号になる。しかし、十字架を、これまでは知られることのなかった超越的なあるもの、これ以外ではうまく表現できぬもの、の表現としてみるならば、この場合の十字架は象徴的なものとなる。このように考えると、フロイトのいう、夢のなかの性象徴は、それをたんに長いものによって男性性器が表わされているとみる場合は、むしろ、象徴というよりは記号というべきであろう。

　この象徴と記号の差を如実に示すものとして、パントマイムとジェスチャーゲームを考えてみることもできる。パントマイムの名人、マルセル・マルソーが、人間の一生を演じたことがある。わずか二、三分の間に、人間が生まれ、育ち、そして死んでゆく過程を演じ、観客の胸に強い感動をよび起こすのである。しかし、これを、ジェスチャーで示すとなれば、われわれでもすぐにできる。四つ足で這い、歩き、杖をつき、倒れて死んでみせれば、誰だってそれが人間の一生であることがわかるだろう。しかし、いってみれば、これは人間の一生の記号的表現であって、象徴的表現ではない。マルソーのそれは、人間の一生に含まれる哀歓を、さまざまな心の流れを、わずかに二、三分という時間に集約して、われわれの胸に直接的に訴えてくるものであり、それは、マルソーのみが表現しうるものであることが感じられる。それは、もはや、人間の一生を記号に置きかえたものではなく、彼の人格を通して表われた象徴的表現ということができる。

　ここに、十字架や、マルセル・マルソーの演技について述べたが、これらが、あるひとにとっては象徴として受け取られるが、他のひとにとっては、何ら象徴的な意味をもたないことも大切な事実である。つまり、あるものが象徴であるかどうかは、それを受け取るひとの態度のいかんによっている。たとえば、十字架は初期のキリスト教の時代には、生きた象徴として、表現しがたい神秘的なあるものを内在させていたと思われる。それが、後世になっては、キリスト教徒であることを示す一つの記号として受け取られることもあるし、あるいは、これらに無関心なひとにとっては、たんに二本の線を組み合わせたものと見えるだろう。これは、ある芸術作品があるひとにとっては大きい意味をもつが、他のひとにとっては何の意味ももたないような場合に比すことができる。このように、象徴が受け取る側の態度に関係することは大切であり、象徴の意味を汲みとろうとするものは、つねに、あるものの背後に内在する未知の可能性に向かって開かれた態度をもつことが必要である。

ここで、心像と象徴による表現の見事な例と思われる幼稚園児の絵を示し、それらによって説明を続けてゆくことにする。原色刷りの絵(図I〜V、巻頭口絵)は、六歳の女の子が普通に幼稚園で描いたものであって、[5] 別に心理療法とは関係がなく、この絵も何らの強制がなく、描きたいときに自由に描いたものである。筆者は、この幼稚園に行き、まったく偶然に、図IIを見た。この絵が非常に強く筆者の心を打ったのは、左の家と、右のかたつむりの群とを、はっきりと分離して中央に突き出ている山の存在であった。幼児の発達段階において、第一反抗期を経過して、両親から少なくとも身体的な自立性を獲得した幼児が、六歳前後において、もう一度高次の段階の自立性へと向かう傾向のあることは、よく知られている事実である。今まで家庭内に安住の場を見出していた子どもが、この年齢においては、社会的な場面へと進出してゆく。この場合、男子も女子も、父親を一つの規範として、このような自立性を確立させてゆくわけである。さて、この絵を見ると、前にも述べたように、かたつむりが家と分離し、まるで、これらを分離させるために下から突き出てきたように、山が中央に存在している。そして、そこに二本の木が描かれているのも興味深い。この木は明らかに、生長し、伸びてゆく力を示しているものと思われる(6)。ここで、考えられることは、おそらくこの絵の以前に、家庭内に安住しているような感じを表現している絵があるだろうということである。先生に調べていただくと、この絵の少し以前に描いたもので、図Iに示すようなものがあった。これを見ると、図IIに比して、第一印象としての感じも、より暖かいものが感じられる。そして、何よりも印象的なことは、ほぼ中央に赤いかたつむりが、家に安住している点である。左の端にたくさんのかたつむりが、むしろ冷たい色で描かれているが、これはその後に起こる、かたつむりと家の分離を予想せしめるものかもしれない。これとほぼ同じ頃描かれた絵では、桃色の大きいかたつむりが中央に描かれ、その横に少し小さいかたつむりがクリーム色で描かれた、やはり暖かい調子の絵がある。しかしこの場合も、絵の一部に緑色の枠で囲まれて、何も描いていない部分が存在しており、これも将来の分離を暗示する同様のものではないかと思われる。

ともあれ、図Ⅰに示されるような安定した状態を破って、図Ⅱにおけるような強い力が出現してくることは、真に驚嘆すべきことである。このような強烈な分離のあとで、再統合への努力が払われることはもちろんである。その過程が、図Ⅲ、Ⅳ、Ⅴに反映されている。この三つの絵を通じて共通に認められることは、図を左右に分割するというテーマである。これは図Ⅱに示されたつよい分割力は、そのまま受けつがれ、これを認めた上で再統合の努力が続けられたことを示している。さて、縦の分割を認めた上で、一つの統合した絵を作り出すためには、図Ⅳに示されるような、鳥瞰図的な絵を描くのがいちばん都合がよいと思われる。図Ⅲは、鳥瞰図的に見て、中央に道があり、それに街路樹があって、右に家、左にひとといった絵を描いているうちに、中央に大木が一本ある鳥瞰図的ではない普通の絵のようになってきて混乱してしまい、途中から右側のほうを消しかかったようなものになってしまった。これは、再統合の努力を払いながら、なかなか簡単には成就しなかった感じがよく反映されている。それが、図Ⅳでは、花畑の鳥瞰図として見事な表現を示している。もちろん、ここで見事というのは、心理的な観点に立ってのことで、絵の美術的な観点からいっているのではない。絵としてのよしあしという点からは、私はまったくの素人で何もいえないが、この絵は、初めのかたつむりの絵などに比して、はるかに幾何学的になり、絵としては面白くなくなっているようにも思われる。しかし、これはむ

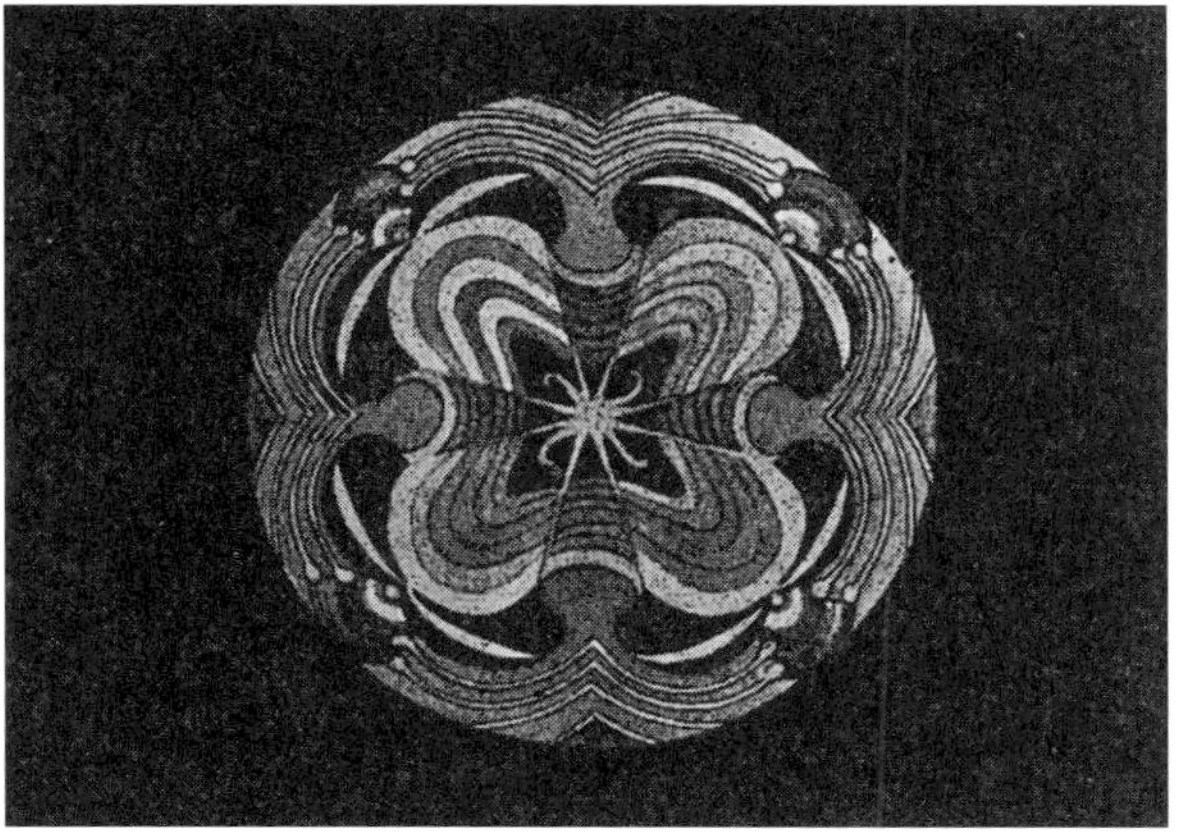

図 10

しろ当然のことであって、縦の分割を許しながら、しかもまとまった一つの表現をするという、幼児にとっては非常にむずかしい仕事をするうえにおいて、ある程度、絵としての表現が犠牲にされ、形式的なものによって、成し遂げられたとみることができるのである。

これは図面が四つに分割されているが、統合度の高い全体性を示すときに、四のテーマが生じることは非常に多い。(7) 図10に、ユングの著作のなかから、その患者の描いた絵を一枚のせておいたが、(8) ここにも、はっきりと四のテーマが表わされているのが認められると思う。もちろん、これは成人の絵であって、これとこの幼児の絵はその精密さの程度において比べるべくもないが、それにしても、この幼児の絵は、再統合の努力が相当実を結んできたことを示している。つぎの図Ⅴは、図Ⅳが幾何学的であって、感情の動きの表現に欠けるうらみがあったのに反して、もっと生き生きと、発展の過程を示している。左に女の子、右に家、中央に分割する大木、家のほうは赤色で囲まれ、それに反して女の子は緑の色で囲まれている。これは今まで同様、はっきりと分割のテーマを表現しているのだが、筆者を非常に喜ばせたのは、大木の中にいる一人の子どもである。木が生長を示すものとして、よく用いられることはすでに述べたが、その生長における新しいものの誕生を、最も端的に物語るものとして、木に生まれた子どもとか、木に捨てられていた赤ちゃんの話は、世界中に非常に多い。何か新しいもの、あるいは、価値の高い不思議なものをもたらす子どもが、木の上に現われてくる。

これは、ユングの表現を用いると、まさしく英雄の誕生、子どもの元型(child archetype)の出現である。この元型的な子どもは、分離していた家とひと(前の表現では家とかたつむり)を再統合すべく現われてきた英雄にほかならない。あるいは図Ⅳに示された統合性を基として、幾何学的に表わされていたものに、より力強い生命力をもたらすものということができる。このように、新しいものが生じてくるとき、それが元型的な子どもの像によって表わされることは重要な事実であり、この点をユングはケレーニィとの共著(9)

において、明らかにしている。ケレーニィは神話における子どもの神の重要性を説き、子どもの神は大人の神に比して低いとか、意義が少ないこととかをけっして意味しておらず、むしろ、「新しい可能性の出現」としての意味が強調されることを説いている。ユングは、このような元型的な子どもの心理学的な意味を明らかにしているが、この心のなかに生じてくる「未知の新しい可能性」が、内的には神秘的な、われわれの一般の理解を超えるものとして体験されるとき、子どもの誕生にまつわる異常な話として表現されることを指摘している。すなわち、桃から生まれた英雄や、竹の中から生まれた絶世の美人の話などは、日本人として知らぬひとはあるまい。さて、木の上に鳥によってすてられたり、木の中に生まれてきた子どもも、まさにこのような意味をもっていると思われる。

このように考えて、新しい統合へと向かう可能性の出現とみて、筆者は、この木の上の子どもの出現を非常に喜ばしく思ったが、幼稚園の先生は、これは「ジャックと豆の木」のお話の絵であると説明された。幼稚園で先生からジャックと豆の木の話を聞き、この子はその絵を描いたわけで、筆者が絵のなかで女の子と見た左側の人物はジャックの母であり、木の上の子どもは豆の木のジャックであるとのことであった。ここで読者のなかには、「なあんだ」と思い、『徒然草』のお話にあるように、子どものいたずらと知らず、反対向きにおかれた狛犬を見て、さだめし由緒の深いことであろうと感涙にむせんだ上人と、ながながと元型的な子どもの誕生について述べた筆者を同類に思われる方もあるだろう。しかし、筆者としては、ここでむしろ、ジャックと豆の木というおとぎ話が、今まで説明してきたような、この子どもの内的な心の状態を生き生きと表現しうるイメージを、ちょうどこのときに提供したのではなかったかと考える。

実際、おとぎ話というものは、さきほど桃太郎の誕生のことに少し言及したが、このような心の内的表現としての適切なイメージに満ちており、だからこそ子どもたちにおとぎ話をして聞かせる意味もあるのである。そして、この場合、この子はジャックと豆の木の話を聞いた後に、まったく自由に、自由時間にこのような絵を描いた事実が、この話のなかのイメージが、この子の内的なものをとらえたのだろうという推察を裏づけていると思われる。そして興味深いことに、このときにジャックと豆の木の絵を描いた子どもたちの絵を見ると、すべて、真中に伸びる豆の木と、それを登るジャックがおもなテーマとなり、大男との戦いを描いたのはほとんどなかった(この場合も、むしろ大男との戦いは小さく描かれ、大きい豆の木と対照的であった)ことがわかった。これは、ちょうどこの年齢の子どもたちにとって、さきほどから、絵について説明をしたような意味をもって、天までそびえる豆の木と、それを登るジャックのイメージが受け取られ、心を打つものであることが認められる。さて、この絵の次に描かれたものを見ると、中央にそびえる一本の大木と四匹の動物の絵などがあり、中央にある大木のテーマはその後も続いてゆくが、もはや絵を分割してしまうこともなく、したがって対称的な硬い絵ではなくなっている。四という数もまだ引きつがれていることがわかるが、この動物の配置も、画一的でなくなっており、しかも全体としてのまとまりをもっている。これらの絵は省略したが、以上の説明で、この五枚の絵に示された、心の発展過程がわかっていただけたと思う。

なお、図Ⅱに示されているような、強烈な、自立性の確立と、それにしたがって起こる一種の分離不安(かたつむりは家から出されてしまっている)を感じたとき、この子どもの行動が何らかの変化を生じていなかったかを、幼稚園の先生に伺ってみた。すると、ちょうどこの絵を描いた頃、この女の子は大変おとなしい、いい子であるのに同級の腕白な男の子たちによくいじめられ、先生が注意されると、腕白坊主たちが、「あの子はこの頃、生意気だから、やっつける」のだといったことを、先生が思い出された。大人から見れば、それほどの変化もなく、おとなしい、いい子のままであるのに、同級の男の子たちが「生意気」だと感じたことは非常に興味深い。この一人の女の子の内部に生じてきた、あれほど強い自立への志向性を、同年輩の男の子たちが何らかの点で感じ取り、反発していったものと思われる。

以上、一人の幼稚園児の絵を例として説明してきたが、ここに、このような絵が、この子どもの心の発展の過程を反映する心像の表現としてのみならず、何か未知の可能性を含むものとしてわれわれの心に働きかけ、そして、この子どもにとっては、これ以上の表現は考えられないものとして、象徴的な意義をもつ創造的な表現であることが認められたと思う。この絵の場合、家と子どもが一つの対立物として提出され、その再統合が目ざされたわけであるが、すべて、象徴はこのような対立するものの統合性をもつことが特徴的である。そして、対立するものの数がふえ、それらの関係が微妙なものとなり、したがって統合性も高度になるほど、象徴の構造も複雑さをおび、その創造性も高まってくる。象徴は具象性をもつゆえに、われわれの最も原始的な層を母胎とするものであると同時に、ありきたりのものや伝統的なものをあきたらないとする高度に分化された精神機能をも必要とするものである。このような象徴を通じて、われわれの心のなかにある合理的なものと非合理的なもの、内向的なものと外向的なもの、あるいは思考機能と感情機能などが一つの高い統合性を獲得するのである。そして、これらの象徴的な表現を、われわれは創造的な仕事のなかに見出すことができる。たとえば対象物に対する直観的な把握と、それをあくまで外的に(写実的にといいたいほど)表現してゆく感覚機能との統合性を、われわれは浮世絵に感じるであろうし、カラヤンの指揮ぶりを見て、内側に向かって開かれているといいたいような彼の閉じられた目に深い内的な志向性を感じ、反面、まるで聴衆に見せる、ことを意図したのかと思いたいほど、外へ外へと広がってゆく彼の華やかな動きを見て、内向性と外向性という相反するものが、カラヤンという一人の人格のなかに見事に統合され、象徴的に表現されていると思うひともあるだろう。実際、思考のみに頼り感情を無視した哲学者や、感覚は発達しているが直観を生かしていない音楽家などがいたとしたら、正確なことをだれもが認めるにしても、創造的と思うひとは少ないことと思われる。

　象徴を形成する過程について、ユングの考えによって説明してみよう。すでに述べたように、象徴は対立物を含むことを特徴としている。それゆえ、象徴が生じる前は、相反する二つの傾向が意識され、その完全な対立を、簡単にどちらかに加担することなく経験することが認められる。この場合、どちらかを抑圧しきると簡単であるが、自我はそのような簡単な解決をせず、定立するものと反定立するものとの両者に関与してゆく。この場合、この両者の対立により自我は一方的に行動することができなくなり、一種の停止状態を味わうこととなる。ここで今まで自我機能を働かすのに役立っていた心的エネルギーは、自我から無意識内へと退行を起こす。つまり、心的エネルギーはその源泉へと帰り、無意識の活動が始まる。

　ここに抽象的な言葉で述べたことを具体的に簡単に述べると、たとえば思考機能を主機能とする思想家が、その思考力に頼って自分の思想をまとめ表現してゆく。しかし、あるときになると、自分の考えが非常につまらないことに思え、それに対して何か重要なものが欠けていると感じる。つまり今まで無視されていた感情機能が動きはじめ、その整った思考の形のなかに感情の火を入れなければならぬときがきたのである。このとき、このひとが自分のなかの無意識的な感情の動きを抑圧し思考を続けると、問題は生じないが、しかしそれはあまり創造的なものではなくなるだろう。ここで、もしそのひとが、自分の内心に動いているものにも忠実に生き、しかも今まで獲得してきた思考機能をすて去らないときは、ここに思考と感情との強い対立により、彼はもはや思索を続けられなくなる。このとき、心的エネルギーは退行して無意識に流れ込むので、このときに外に現われる彼の行動は、思索をやめて馬鹿げた空想にふけっている状態や、ときに幼児的な行動や衝動的な行動として見られるかもしれぬ。あるいは、その本人は、なかなか仕事に手がつかなかったり、何をしてよいかわからない状態となって、強い焦りや、いらいらした気分におそわれるかもしれない。このときの退行現象が強く、あまりにも自我がそれに耐えられないときは、注目すべき相互反転(enantiodromia)が生じて、そのひとの態度が逆転するだけで、何ら創造的とはいえない。思考型のひとが急に感情的になったり、内向的なひとが急に外向的にふるまったりしても、それは急激な変化ではあっても、創造的とはいいがたい。

これに対して、このような強い退行現象が起こり、自我はその機能を弱めながらも、それに耐えて働いているとき、無意識内の傾向と自我の働きと、定立と反定立を超えて統合された心像が現われてくることがある。このように統合性が高く、今までの立場を超えて創造的な内容をもつものが象徴であり、このような象徴を通して、今まで無意識へと退行していた心的エネルギーは、進行(progression)を開始し、自我は新たなエネルギーを得て再び活動する。このような象徴を形成する能力が人間にあることをユングは重要視し、これを超越的機能(transcendent function)と呼んでいる。[10] この場合、この機能は思考とか直観のうちのどれかという意味ではなく、多くの機能から合成された複雑さをもち、一つの機能を超越し、その対立する機能をさえ含みうることを意味している。ここに述べた象徴形成の過程は、創造の過程と同じことであるが、ここにユングが無意識内に、肯定的・創造的な源泉のあることを認めたこと、したがって、退行のもつ肯定的な面を重視したことは十分に注目すべきことである。これはフロイトが無意識の内容を自我によって抑圧され、排斥されたものの集まりのように考え、退行をつねに病的な現象として考えていたこと異なる点である。ユングは、退行の現象を病的なものと正常なものとに分けて考え、そして、創造的に生きるためには、むしろ、正常な範囲での退行が必要と考えていたのである。もちろん、無意識に対しても、その破壊的な面や醜悪な面の存在を認め、その上で、そのなかに建設的な源泉となるものの存在を認めてゆこうとしたのである。このようなユングの基本的な態度は、彼がフロイトと別れていった大きい原因となっている。[11]

象徴の形成に伴って、今まで退行していた心的エネルギーが建設的な方向に向かうことを述べたが、ユングは、このような心的エネルギーの変容が、象徴や宗教の儀式によって生じることを指摘し、これらに高い心理療法的な意義を見出したのである。われわれの意識の体系は明確な概念によって組み立てられ、それ自身一つのまとまりをもっているものではあるが、それがつねに生命力にみち発展してゆくためには、心のなかのより深い部分とつながり基礎づけられていることが必要である。このように考えると、心像は、自我に対して心のより深い部分から語りかけられる言葉であり、これによって、自我が心の深い部分との絆を保つことができると考えられる。そして、その内容が高い統合性と創造性をもち、他のものでは代用しがたい唯一の表現として生じるときを象徴ということができる。神経症になるひとたちのなかには、このような自我と無意識との創造的な相互関係が断ち切られているひとや、今述べたような心像の意味を知らぬために、それによって概念の世界にまで混乱を生じ、自我の統合性が乱されていると思われるひとが多く、この治療をするものにとっては、心像や象徴の研究をすることが重要なこととなってくる。象徴をたんに何ものかの代理としてみるのではなく、未知の可能性を含むものとしてみることは、つねにクライエントの発展の可能性に対して注目してゆく態度ともつながってゆくのであり、治療場面において大切なことである。実際、一つの象徴が過去への洞察と未来への志向性とを共に表現している場合も、実に多いのである。

心像と象徴の心理療法における重要性に気づいたユングは、古い時代に見出され、以後死んだままになっていた宗教の儀式や象徴の意義を研究し、これらに新しい息吹きを吹きこむと同時に、各個人の心のなかから生じる象徴の意義を認め、その研究にも専念してきたということができる。

3　心理療法における心像の意義

心理療法の過程における心像や象徴の意義の重要さについて、前節において一応述べておいたが、ここでは実際例によって具体的に示す。たとえば、第三章にあげた学校恐怖症児の例では、夢に現われた「肉の渦」の心像を中心として、壺、弱い父親とそれに代わる母など、強い太母《グレートマザー》の元型の布置が認められ、それについて理解を深めた治療者が、この少年と共にそれについて話し合い、直面していったことが、問題の解決へとつながっていったのである。しかし、心像という場合、つねに夢を問題としなければならないとはかぎらず、一般の心理療法場面においても、このような考えが重要であることを明らかにするため、この節では、最近に他の治療者の方から聞かせていただいた例をあげて説明したい。

初めの例は精神薄弱(知的障害)児の遊戯療法の一例である。[12] 七歳十一か月の男児であるが、発達年齢は一歳九か月で非常に低い。もちろん他の子どもと遊んだりはできないので、自宅にこもりきりのような生活を続けていた。さて、この子どもに遊戯療法を続けているうち、第七回のときに治療者にとって心を打たれる事柄が起こったのである。それは、この子が遊戯療法の場面で、熊のぬいぐるみの首を綱でくくり、それを連れて歩いた後に、誇らしげにその綱をとくという遊びをくり返したのである。治療者はそのとき、その意味については明確にわからなかったが、その行為に何となく胸を打たれ、印象に残る。そこで、治療後にそのことをその子の母親と話し合いを続けているカウンセラーに告げると、次のようなことがわかった。すなわち、母親がそのときに語ったことによると、最近、その家にどこからともなく犬が迷い込んで、その子どもが喜んで飼っていたそうである。ところが母親が外出して帰ってくると、犬がいなくなっている。犬がいないので探さねばというと、留守番をしていた精神薄弱のその子が、探さなくてもいいという。不思議に思ったが、あとでわかってきたのは、その犬は近所の犬が迷い込んできたもので、その飼主のひとがとうとう探し当てて、返して欲しいといってこられた。そのとき留守番をしていたこの子どもはその話を理解し、非常に可愛がっていた犬を自ら連れてゆき、首の鎖を泣きながら解いて返してきたという。これはお母さんにとっては非常に大きい驚きであり、喜びであった。今まで、話もろくにできないと思っていた子どもが、近所のひとの話を理解し、しかも、あれほどまで可愛がっていた犬を自分で返しにゆくことを成し遂げたのだから、お母さんの喜ばれるのも当然であり、また治療者のひとたちも嬉しく思ったのである。

さて、それほどの大きい仕事をした子どもは、治療場面でそれを再現し、治療者にも伝えようとしたと考えられるが、はたして、この遊びはそれだけの意味しかもたないものだろうか。筆者としては、そのような意味のみならず、そこに非常に重要な主題である「繫縛を解く」ということが、生き生きと表わされていると考えるのである。そこでちょうどその頃にこの子の「繫縛が解かれる」ようなことが起こったのではなかったかと尋ねると、この治療者のいわれるのには、実はこのような知能のおくれた子どもなので、お母さんもなるたけ外に出さないように、家に閉じ込めておくような感じで育てておられた。ところが治療に通って来られるうちに、だんだんと考えも変わり、また子ども自身の成長とも相まって、以前よりもこの子どもが家の外に行ったりするのを制限されなくなって、子どもが喜んで外のひとと接触をもち始めたのがちょうどこの頃であったとのことであった。これによって、この子どもの熊の綱を解く遊び(それはほとんど儀式とさえ呼べるほどのものと思うが)の意味が明らかになったと思う。この遊びを、この子どもの心の内部に生じた心像の表現としてみるとき、それは何よりも閉じられた家より自由に開放された、繋縛を解かれたことの意味が非常に強いと思われる。そして、心像の多義性という点からいっても、このことのみでなく、可愛がっていた犬を返した悲しみや、近所のひとと対等に応対し、悲しい気持を抑えて犬を返した満足感、それらすべてのものがこの遊びに集約的に表現されていたとみるべきである。だからこそ、この治療者のひとが他の遊びと違って、何か胸を打たれるものを感じ、強い印象を受けたものと思われる。このように一対一の治療場面において、真剣に仕事に取り組んでいるとき、このような深い感情の流れが両者の間を結ぶことは、真に不思議であり、また感動的でもある。そして、その心の流れの仲介者として心像による表現が大きい意味をもつのである。なお、この場合、このような表現をした子どもが、発達年齢わずかに一歳九か月であることは、一つの驚きであるが、実際、心像による表現の深さは、知能や年齢にほとんど関係がないのではないかとさえ、筆者は感じるのである。

このように遊戯療法の場面においては、子どもの遊びのなかに子どもの内的世界の生き生きとした表現を見出すことができる。そして、子どもの行動をたんなる遊びとしてみずに、それを心像の表現とみることによって、治療者はその背後にある可能性にまでふれ、それを引き出してゆくことができるのである。このような見方をし、心像の世界に対して開かれた態度で治療者が子どもに接してゆくとき、子どもの遊びはだんだんと意義深いものとなり、その過程のなかに一貫したテーマを見出すこともできる。そのテーマはもちろん子どもの問題や立場などによって異なってくるが、そのなかに、家からの出立のテーマや、家庭内における自分の安定した位置の確立、あるいは今まで抑圧していた攻撃性の統合(第二章の不潔恐怖症児の例参照)などのいろいろなテーマが、明らかに読み取れるものが多い。このような点を治療者が理解すると、治療における大きい方向づけと、安定感を与えられることになるのである(13)。

心像の意義が認められるのは遊戯療法の場合のみとはかぎらない。一般のカウンセリングのときも大きい意義をもつ。その一例として、ある若い女性のカウンセリングの場面をあげる(14)。この女性は、カウンセリング場面で、従妹がお産をしたのでそこに手伝いに行ってきた経験を話す。自分の悩みのほうはあまり話さずに、従妹がもう子どもができないとあきらめかかっていたのに、赤ちゃんができてたいへん喜んでいること。自分も手伝いに行って、赤ちゃんの世話をして可愛く思ったことなどを話すのである。そして、この従妹の性格についていろいろと話をし、自分は今まで節約するのが美徳だというように思っていたが、この従妹は案外平気でお金を使う。しかし、好きなものを好きなときに思いきって買って喜んでいるのをみると、ときに浪費するのもいいものだなと感じたことなどを熱心に話す。これをただたんに、表面的にのみ聞いていると、このひとは従妹のことばかり話して、自分の問題を何も話していないように思えるかもしれない。自分の悩みについて直接語るのをさけて、他のことばかり話しているとさえ思えるのである。しかし、ここで、この話を心像の表現として考えてみると、この従妹がこの女性の影(前章の影の説明参照)であることに気づくのである。(もちろん、ここにこのように簡単に述べただけではわかりにくいかもしれぬが、この女性の話すところを詳細に聞くとよけいこの点がはっきりする。)この従妹の性格について相当詳しく、しかも熱意をもって話す感じにも、この従妹の像がこの女性の心のなかに占める位置の重要さが感じられる。そして、この従妹の生き方をよく観察することにより、自分が今まで悪と思っていた「浪費」ということにも、良い面があることを発見するのである。すなわち、自分の影のなかに肯定的な面を見出したのである。心像の具象性ということをさきに述べたが、このように従妹という具体的なイメージを通じて、影に対する洞察が語られるとき、それはたんに「節約ばかりしていても駄目だと思います」などという場合よりも、はるかに深い理解を伴っているのである。実際、頭で知的に理解することは案外簡単であるが、それは多くの場合、行動の改変をうながすものとはならないのである。神経症の患者にいくら教えこんだり、説得したりしても、なかなか効果のあがらぬものであることは、だれしも知っていることである。しかし、このように生きたイメージによって、具体的に把握されたことは、深く心のなかに取り入れられてゆくのである。

そこで、彼女の話を心像の表現として聞くと、もう一つの面白いことに気づく。それは彼女自身も感激して語っていることであるが、もう子どもが生まれないと思っていた従妹が赤ちゃんに恵まれたということである。ここで、前節に述べた「元型としての子どもの出現」のことを思い出していただきたい。そこで、子どもの誕生は新しい可能性の出現を意味すると述べた。このような考え方によって、この話を聞くと、「浪費ぐせなどによって示される自分の影、そこから新しいものが生まれでてくる可能性などほとんど考えられなかった(従妹から子どもが生まれるとは思わなかった)。それが、その影のなかから新しい可能性が生じてきたのだ(子どもが生まれた。従妹の性格のなかに良い面を見出した)」ということをクライエントが語っているようにも思われるのである。このような外的に実際に起こった事象と内的な心像の世界との不思議な呼応性は、われわれ心理療法家のしばしば経験するところである。このような態度で治療者がクライエントの語るところを聞くと、このクライエントがまったく自分の悩みと関係のないことを話しているようにみえたことが、実は自分の深い内的な問題について語っていたことがわかるのである。

クライエントのいうところを心像の表現として聞くといい、あるいは、外的な事象と内的な世界の呼応性ということも述べたのであるが、これはあくまでもそのような観点に立つことに意味がある点を述べたのであって、それが絶対必要とか、絶対的な事実であるとかいうのではない。たとえば、今の場合、従妹のところに子どもが生まれたという事実によって、このクライエントの影の部分に新しい可能性が生じてきたことが示されている、あるいは、従妹に赤ちゃんができたので、このひとに新しい可能性が生じてきたなどというのは、まったく馬鹿げたことである。そのような推論ができるというのではなく、このクライエントの外的事象を語っていることのなかに、内的な世界をも呼応して述べられているという見方も成立するということである。このように考えると、治療者は、このような場合には非常に慎重に言葉を選んで話をせねばならぬことがわかる。「新しいもの、赤ちゃんが生まれでてくるはずがないと思っていたところに、新しいものが生まれでてきた」といってもいいかもしれない。「浪費ぐせのあるひとでも、新しいものを生み出す可能性があることがわかった」というかもしれない。ともかく大切なことは、外的事実を聞いていて治療者の心に浮かんだことを、生のままの形で表現するのではなく、内的世界の表現とも、外的事象の描写ともとれる両者の間の中間的な表現を見出してゆく。そして、クライエントがそれに対して応答する限りにおいて、治療者もその表現を深めてゆくことが大切である。

そもそも、治療者としては、従妹のところに子どもの生まれた話を、このように心像の世界の表現として聞いていても、クライエントにとっては、全然そのような意味を感じていない場合だってあるはずである。その点を考慮せずに、治療者が一人で喜んで話をしているのでは、いわゆる解釈のおしつけであって、何ら治療的な意味をもたない。しかし、実際の場合であれば、治療者がクライエントについてよく知っていること(つまり今の場合であれば、従妹が影の像であることを知っていること)や、クライエントが、その事実を語るときに示す情動の高まりを感じとることによって、治療者の見方もますます正確さを加えるわけである。さきに述べた遊戯療法の例であれば、子どもが熊の綱を解く動作をみて、何となく治療者が胸を打たれるのを感じたのも見逃すことのできないことである。心理療法家は、つねにクライエントと自分自身の情動の動きについて、非常に敏感でなければならない。このような態度によって治療者がクライエントに接し、クライエントの話の内容のなかに、内的世界の表現として感じとられるものがあった場合は、それを、内的にも外的にも通ずる表現によっていってみる。これに対し、クライエントが無反応であれば、そのままにしておき、もしクライエントが少しでも反応すれば、それに従ってこちらの表現も深めてゆく。このようにして治療の過程も深められてゆくと思われる。

この二例が示すように、このクライエントたちが、実際にあった事柄をプレーで再現したり、話をしたりするということは、それを心像の世界の表現としても意味あるものとして、治療者との心の交流を通じて、そのような体験を心の奥深く基礎づけてゆく働きがあるものと思われる。これは、神話がたんなる説明ではなく、事物を基礎づけるためにあるといったケレーニィの考えを、そのまま適用できることである(第三章第2節参照)。実際、その個人の体験を、その心の奥にまで基礎づけることは、心理療法において非常に重要なことであり、そのような働きをもつものとしての心像や象徴に、心理療法家は大きい意義を感じるのである。今、遊戯療法やカウンセリングの場合を例としてあげたが、むしろ、夢の世界こそは意識と無意識の交錯するところとして、心像や象徴の宝庫ともいうべきであり、ユングが夢の研究に力を注いだことも納得できる。この夢分析については、次章においてて少し詳しく述べてみたい。

注

(1) この章において(および後においても)述べる心像や象徴は、ユングの考え方に従っているので、一般の考え方とは相当異なっている。一般には、心像(image)という場合は、外的事物に対する感覚が、外的刺激がなくて、再生された場合をいい、二次的感覚ともいわれている。象徴に関する考えは、学者によっても異なるが、一般には、何らかの高次な考え方や、事柄が、他の形象や事物などによって表わされ、あるいは代理されている場合であり、ユングのいう記号もこれに含まれている場合もある。ユングの考えは本章に述べる。

(2)　Jung, C. G., Psychological Types, Routledge & Kegan Paul, 1921, p. 555.　林道義訳『タイプ論』みすず書房、一九八七年、四四七頁。

(3)　Jung, C. G., *ibid.*, p. 560.　前掲注(2)書、四五二頁。

(4)　Jung, C. G., *ibid.*, p. 601.　前掲注(2)書、五〇八―五〇九頁。

(5)　奈良県天理市、丹波市幼稚園の園児の絵である。この幼稚園では園児に対して強制することが少なく、自由にのびのびと保育をしており、絵も描きたいものだけが自由に描けるようにしてある。このような点もあって、ここに示すような内的なものが豊かに表現された絵が描かれたものと思われる。

(6)　生命の木(Lebensbaum)などという言葉があるように、木は生長するものの象徴として、よく用いられる。ここに生じた二本の木の「二」という数は「葛藤」や、「意識に近いこと」(near to consciousness)を示すものといわれるが、この場合もよく適合している。

(7)　四の数が完全数としての意味をもつことは、ユングがしばしば述べているところである。たとえば、次の論文には相当詳しく「四」について考察がある。

Jung, C. G., The Phenomenology of the spirit in Fairytales, C. W. 9, I, pp. 207-254.　林道義訳「精神(ガイスト)元型――おとぎ話に見られる」『元型論』所収、紀伊國屋書店、一九九九年、二

三五―二八七頁。

(8) Jung, C. G., A Study in the Process of Individuation, C. W. 9, I. 林道義訳「個性化過程の経験について」『個性化とマンダラ』所収、みすず書房、一九九一年。

(9) Jung, C. G. & Kerényi, C., Essays on a Science of Mythology, Harper & Row, 1949, pp. 70–85. 杉浦忠夫訳『神話学入門』晶文社、一九七五年、一〇三―一二一頁。

(10) Jung, C. G., Transcendent Function, C. W. 8, pp. 67-91. 松代洋一訳「超越機能」『創造する無意識』所収、平凡社、一九九六年、一一一―一六二頁。

(11) この点に関しては、最近の自我心理学者たちの強調する「自我のための退行」(regression in the service of the ego)の考えが、ユングの述べている創造性に必要な退行現象と同様の過程を示していると考えられる。このような考えに立つかぎり、現在のユング派とフロイト派は前より近づいてきたということもできる。

(12) これは、京都大学教育学部大学院の東山紘久氏の治療された例である。

(13) 子どもの心像の表現を、よりまとまったものとして表わしやすく、したがって治療者もその意味を読み取りやすい利点をもつものとして、最近筆者は「箱庭療法」(Sand Play Technique)を遊戯療法に併用している。最近の研究結果について、京都市カウンセリングセンターの所員の方と共に、同センター研究紀要2、一九六七年、に発表したので、興味のある方は参照されたい。そのなかに、大谷所員の事例報告として、スーパーマンが怪獣と争い、一度は死んで土に埋められるが、再び生きかえってきて、怪獣を倒す遊びをする子どものことが述べられている。この劇的な「死と再生」のテーマをもった遊びをやり遂げて、この子どもは自分の症状を克服することになる。この「死と再生」のテーマは、第五章の終わりに取り上げてあるように、非常に大切なものである。

(14)　これは、京都市カウンセリングセンターの中村良之助所員の治療例である。前記の東山氏と共に、貴重な治療例を筆者に提供し、ここで取り上げることを許して下さったことに対して心から感謝している。

第五章　夢分析

夢、およびその分析は、ユング派の分析において中核をなしている重要なものである。しかしながら、「夢の重要性」などと聞くだけでも、非科学的とか前近代的とかの感じが先立ってしまって、馬鹿らしく思われるひとが多いかもしれない。実際、一般には、馬鹿らしい望みを託した考えを、「夢物語」といって非難したりする。このように非現実的な夢を、大切な「現実」として、われわれは心理療法の場面に生かしてゆこうとするのであるが、確かに、これは少しでも誤れば奈落に落ち込んでしまいそうな、現実と非現実の境を歩む危険な仕事である。しかし、今まで第一章から第四章までながながと述べてきたことは、いってみれば、この危険な夢分析の領域に入ってゆくための準備であったとさえみられるもので、これまでの章を読みとおしてこられた読者の方は、それらを手がかりとして、「馬鹿くさい」と感じたりすることなく、この章を理解して下さるものと思う。夢物語などという表現において、夢に対する否定的な態度がみられるといったが、逆に「若いひとに夢をもたさねばならない」などと、それは肯定的な意味にも使われている。これら二つの表現は、夢のもつ両面性をよく示していると思われる。

夢に関する話は洋の東西を問わず古くからあり、日本でも古事記に多くの夢の物語があるのを初め、古来の物語のなかに随所に見出すことができる[1]。これらの物語とは別に、古来から人間が夢をどのように解釈したり、あるいは研究したりしてきたかも、興味のあることである。実際、これらの夢物語のなかからも、われわれは有用な知見を引き出すこともできるのであるが、これらについては今回は省略する。また、夢の生理学的な研究も近代とみに盛んとなり、多くの興味ある事実が発見されているが、これらについても、省略することにして[2]、この章においては、もっぱらユングの立場から、心理療法の場面と関連した点において、夢の心理的な側面について述べてゆくことにする。

夢分析について述べる前に、夢の意義の重要性を認めていたと思われるニーチェの言葉を抜き書きしておこう[3]。

> 人間は、夢の世界を創り出すことにかけてはだれでも完全な芸術家である。この夢の世界の美しい仮像は、あらゆる造形芸術の前提である。……夢の世界において、われわれは物の形の直接的な理解を楽しむ。あらゆる形相がわれわれに語りかけてくる。

どうでもよいもの、不必要なものなど何一つない。

1　夢の意義

夢が心理的に重要な意義をもつことを、最初に明確に示したのはフロイトである。一九〇〇年に出版した『夢判断』において、彼は、夢は結局は「ある(抑圧された)願望の、(偽装した)充足である」ことを、多くの夢と、その分析例をあげて説明する。その後、フロイトは治療場面においては夢分析よりは自由連想法を重んずるようになるが、ユングは夢を重要視して、治療場面における重要な手段と考え、夢に対する研究を発展させてきた。今、夢の意義についてとやかく述べる前に、一つの例を示してみよう。これは二十八歳の独身の女性の夢である。

夢　大きい家、それはホテルのようであった。多くのひとがその中に住んでいた。一人の男が殺され、その殺害者がまただれかに殺され、これが数度続いた。私は自分の部屋から窓の外をみると、道のところまで川が溢れ家のまわりを流れていた。私は誰が最後の殺害者であるかを知っており、それを私の部屋にいた見知らぬ男に告げた。

これを告げながら、率然として悲しくなり、私は泣き叫びだす。そしてその男に、「私たちは何も知らなかったことにしよう」と申し入れる。すると、その男は、私が殺害者を責める気がないのなら、どうして殺害者が誰であるかを喋ってしまったのか、もういまさら知らないことにしようといっても始まらない、という。私は殺害者が恐いのだといい、話し合いを続けているうちに、最後の殺害者は自分の刀で自殺してしまう。

読者の方は、まず何よりもこの夢の劇的な凄まじさを感じられたことと思う。この夢をみた女性は典型的な思考タイプで、何かのときに筆者が、「それでどんなふうに感じられましたか」と尋ねたら、「わかりません、私は考えられるけれど、感じられないのです」と答えたことがあるほどのひとである。そして、この夢のなかの強烈なイメージと感情は、この女性の実生活における極端に感情表現の少ない行動と著しい対照をなして現われているることがわかる。結局、このひとは、この夢からの連想と、これまでの夢分析の結果とから、この夢のなかの刀をもった殺害者たちが、自分の思考機能の裏に潜むものの心像化されたものであることを認め、その強さと危険性に気づくのである。ここで、第一章に述べた思考と感情機能の対立性や、前章に述べた心像の表現の直接性、具象性などについて思い返していただきたい。自分の心の内部にある機能やコンプレックスなどが、具象化されたものとして、とくに人格化(personify)されたイメージとして現われている点に注目していただきたいと思う。夢はこのような強烈なものもあるが、いつもそうであるとはかぎらず、ユーモラスなものもある。次に示す夢は、この同一のひとが十日ほど前に見たものであり、やはり、このひとの強い思考型の生き方に対するものであるが、表現が前のと相当違ったニュアンスをもっている点に注意してみていただきたい。

夢　電話が鳴る。電話に出たが相手の声が小さいのでわからない。もう一度聞き返すと、小さいつぶやくような声で、「こちらは幽霊協会です」という。私が幽霊など全然信じないというと、相手は「あなたは幽霊新聞の最新号をお読みになりましたか。まあ、ともかく、あなたはとがった硬い鉛筆さえあればいいのでしょう」という。私はまったく腹を立てて、「私は幽霊も信じないし、とがった硬い鉛筆など大嫌いだ」という。相手はなおも話し続けようとするが、私は電話を切ってしまう。

この夢も前の夢と同様のテーマをもつものであるが、前のような凄まじい表現ではなく、幽霊協会からの電話などというユーモラスなものになっている。この夢の始まりが電話であることも意味が深い。われわれが遊戯療法をする場合に、クライエントが治療者と直接的な接触がとれないが、何らかの接触の意欲が生じてきたときに、電話で話しかけてくることをよく経験する。それとまったく同様の意味をもっていて、このひとと接触を得ようとするもの(抑圧されていた強い感情機能とみられるが)は、まだ自我と直接的な接触を得るに至っていないこと、しかし、ともかく接触が始まろうとしていることを示す。そして、声が小さくてわからない点などが接触の困難さを明らかに示している。そして、相手として出てきたのが幽霊協会などというので、このひとはすぐに「幽霊など全然信じない」と攻撃する。思考機能に強く依存して、「合理的」に人生を生きてきたこのひとが、幽霊に対して腹を立てるのも当然のことである。ところが敵もさるもので、幽霊新聞の最新号を読みましたかと反撃する。まるで新聞があることによって幽霊の存在まで証明されたようなもののいい方であるが、これはまさに当を得ている。つまり、幽霊は、思考タイプの女性たちがその理論のバックボーンとしているところは、多くは新聞に載っている記事(とまでいわないにしても、世間一般の意見)に基づいていることを見すかしているようだ。とがった硬い鉛筆は、この女性の武器を表わすイメージとしてまったく適当なものであろう。彼女のとがった硬い鉛筆で書かれた意見は、多くの男性をおびやかしたことだろうと思われる。ところで、彼女は幽霊のひやかしに腹を立ててしまい、幽霊も信じない、とがった硬い鉛筆も大嫌いと八つ当たりをして電話を切ってしまう。この最後のところで、この思考型の女性が感情的な反応をしていることは興味深い。幽霊どもとしては、とがった硬い鉛筆は大嫌いだとの彼女の言葉に喜んで引きさがったかもしれない。ここで、対話の相手として幽霊などという、接触の困難なものが出てきたことや、最後に彼女のほうが立腹して電話を切ってしまう点などは、われわれの仕事、つまり彼女がその感情機能を発達させてゆくことがまだまだ困難であることを感じさせるものではあるが、ともかく、この夢は彼女の心の状態を相当生き生きとわれわれに伝えてくれる。

さきにあげた例によってもわかるように、夢はわれわれの生活に対して大きい意義をもっている。簡単にいえば、夢はそのときの意識に対応する無意識の状態が何らかの心像によって表現した自画像であるともいうことができる。この表現された心像を検討することにより、われわれはそのときの自分の無意識の状態を明らかにし、それの意識に対する意義について考えてゆこうとするのである。この場合、すでに第一章において述べた意識と無意識の相補性という点が非常に大切となってくるが、この点については次節に詳しく述べる。このような意識と無意識の相互作用としての夢の出現する意義については、前章に述べた心像についての考察が大いに関係してくる。概念と心像との差について述べ、心像は概念に生命を与え、基礎づけることに意義をもつと述べたが、夢はまったく同様の働きをしており、われわれの意識の体系、自我をわれわれの心とより深く密接につなぎ、基礎づける役割をもっていると思われる。このことは、その日にあった諸経験のうちで、われわれがその意義や、それに伴う感情を十分に認識し、体験しないで終わったと思われることが、夢に生じることが多い事実によって示される。たとえば、さきの幽霊協会の夢であると、このひとは夢を見た日の寝る前に、従妹から電話があり、その従妹がながながと自分の主人について、おのろけ話をしたので、嫌になったり、あきれたりしたことを思い出した。「自分の主人の自慢をながながとするなんて馬鹿なことは、私なら絶対にしない」とこの女性は憤慨して話すが、実のところ、彼女の意見はもっともなことである。しかし、女性たるもの、ときには主人のおのろけをながながと電話で喋りたくなることもあろうし、それに対してひどく憤慨するのは、少し一面的と思われる。彼女自身は、実際にこの従妹のように自分の気持を開放的に表現することが全然できず、いつもそれらを抑えつけて生きてきたわけである。このため彼女の自我は従妹の電話に立腹したが、彼女の心の奥のほうで、どこか従妹のような感情の表現に共鳴するところがあったのに違いない。そして、それは、その晩にさっそく、幽霊協会からの電話の夢となって現われたわけである。

フロイトが引用しているアナトール・フランスの言葉は、このような点を端的に表わしているようである。すなわち、「夜、われわれが夢に見るものは、昼間われわれがなおざりにしたもののあわれな残滓である。夢はしばしば、軽蔑された事実の復讐であり、見すてられたひとびとの非難の声である」（『赤い百合』）(4)。このように端的に「軽蔑された事実の復讐」といったことではなく、むしろ、新しい経験が自我のなかに取り入れられ、意識体系のなかに組み入れられたとしても、なお、それを深いレベルへと基礎づけるために、夢みることが必要であると考えられる。今述べたような、自我のいわば外的経験による夢と共に、内的な力の強い夢も存在する。すなわち、つねに発展してゆく自我は、外からのみならず内からもその可能性を見出してゆくわけであり、この場合は、その個人の実際経験よりも、そのひとの内的なもの、元型的な心像による夢となって現われてくる。そして、この夢より得た心的内容を自我は統合して発展してゆくのである。もちろん、実際には、このように区別するよりは、内的なものと外的なものの出会う接点として、つまり、外的なものを消化する働きと、内なるものを外に展開する働きの相互作用の結果として夢を考えるのが妥当であろう。

意識と無意識の相互作用の結果としての夢が建設的な役割をもつことを、非常に端的に示すのは、夢による創作や発見の例であろう。たとえば、タルティーニが作曲した『悪魔のトリル』は、夢のなかで悪魔がバイオリンで弾いた曲をあとで思い出したものといわれており、スティーヴンスンが『ジキルとハイド』の話を夢に見たことは前に述べた。夢のなかの心像が科学的な発見に役立ったものとしては、ベンゼンリングの考えを思いついたケクレの例が有名である。(5)ケクレは考え込んでいるうちに眠ってしまい、一匹の蛇が自分の尾を呑み込むのを夢にみて、それからヒントを得てベンゼンリングの考えを完成するのである。ここに、蛇が自分の尾を呑む心像は、ウロボロス(uroboros)と呼ばれ、古来からシンボルとして用いられてきたものである事実(6)と思い合わせると、真に興味の深いことである。このように非常に普遍性のある心像がケクレの夢に生じ、それによってヒントを得て、彼はベンゼンリングの考えを創設していったのである。

心像のもつ創造的意義については前節に述べたことであるが、そのときに述べた心像の具象性ということも、そのまま夢に当てはまることである。夢のなかでは抽象的なことも具象化されて表現されるのである。この章の例であれば、つねに自分の感情を殺すのに役立った思考機能は、殺人犯人として表わされ、直接的な関係のもちにくいことは、電話による聞き取りにくい会話として具象化される。あるいは、新しい考え方が生じてきたことは、子どもの誕生の夢として表わされたり、二人のひとの相互関係が、二人のひとがボール遊びをする夢として具象化されたりする。そして、心像の特徴として述べた点が、いろいろと夢のなかに認められ、相似たものが同一のものとなったり、部分が全体を代表したり、二つのものが錯合して出てきたりする。これらは、多くの点で未開人や子どもの心性と共通点をもっており、未開人の心性の研究が夢分析の知識を豊かにし、また、逆に夢の知識を豊富にもつことは、子どもの遊戯療法を行う上で大きい助けとなるのである。たとえば、電話の夢のところで遊戯療法のときの電話の意義について述べたが、今、ボール投げの夢について述べた際に、第二章第3節にあげた遊戯療法の例における、ボール投げの意義の重要さを思い起こされた方もあったことと思う。遊戯療法のために準備しておく玩具として、電話やボールは欠くことのできぬものであるが、夢においても、球技の夢をみるひとは非常に多い。「ボール投げをしたのですが、相手のひとが下手で、いくらこちらが投げても上手に受けとめてくれないのです」という夢に、分析家の受けとめ方が前回にどれほど下手であったかが如実に示されていたりするのである。これら夢のイメージのもつ意味を理解することは困難なことも多いが、このような表現がわかり出すと、その生き生きとした表現力や、適切さには心を打たれることが多い。まさに、ニーチェの言葉どおり、「人間は、夢の世界を創り出すことにかけてはだれでも完全な芸術家である」といいたくなるのである。

夢の材料、あるいは源泉といわれるものについては、フロイトが『夢判断』のなかに相当詳細に述べているし、ユングにもまとまった考察がある。(7) 外界からの刺激、身体感覚、心理的経験、意識的には忘却しているが潜在記憶として残っているもの、などがあげられる。今は夢分析として心理的な面に焦点を向けているので、これらについては省略することにする。しかし、ここで大切なことは神話の成立に関して述べたことが、そのままここでも当てはまることである。神話の成立について第三章に述べた際、神話の成立の源泉として自然現象があることを認めた上で、しかし、それが神話として成立するためには、人間の心の内的なものも、大きい要因となっていることを指摘した。これと同様に、外的な刺激、たとえば目覚まし時計の音は、夢のなかで、見知らぬ男が訪問してベルを鳴らしたことの原因となってはいるが、それが原因のすべてではない。つまり、どうしてその音は、電話のベルでも目覚まし時計の音でもなく、とくに来客の鳴らしたベルになったかは説明されていないのである。確かに、外的刺激としての目覚まし時計の音は一つのきっかけを作っているが、それが呼び起こした心像そのものについては、われわれは内的な意義を考えてゆかねばならないのである。これは夢の分析を受け始めたひとが、このような考えがわかるまでは、水泳の夢をみて、「あっ、わかった、私、寝間から外にとび出していたのです」とか、火事の夢を見て、「あっ、昨晩テレビで見たのです」とかいって、わかったつもりになる点によく認められるのである。われわれとしては、外的な刺激が夢のきっかけを作ることをけっして否定しないが、むしろ、そのような外的刺激が、そのとき意識に近く布置されつつあるコンプレックスに作用して、心像を作り出すと考え、その心像のほうを重視してゆくのである。このことは、長い夢の最後に、ちょうどその結末にふさわしいところで外的刺激が重なってくる例に如実に示される。この種の例をフロイトはたくさんあげているが、今、目覚ましの音について述べていたので、その例をあげる。次の夢はフロイトのあげている夢である。(8)

夢　春の朝散歩をしていて、緑の萌え出した野原を隣り村まで歩いて行った。隣り村のひとたちは晴着姿で、讃美歌集を腕にかかえている。みんな教会の方へぞろぞろ歩いて行く。そうだ、今日は日曜日だった。朝の礼拝が間もなく始まるだろう。その礼拝に私も参加しようと思ったが、しかしその前に、身体がほてっていたので、教会のまわりにある墓地へ行って少し涼もうと思った。いろいろな墓石の銘を読んでいる間に、寺男が鐘楼に登ってゆく足音が聞こえ、鐘楼の頂きには、礼拝の合図を与える小さな村の鐘が見えた。鐘はしばらくの間はまだじっとして動かなかったが、それから揺れ出した。――そして突然冴えた音を立て始めた。あまりその音が冴えてはっきりとしていたので、私は目を覚ました。鐘の音と聞きなされたのは、実は目覚ましの音だった。

この夢において、このひとはちょうど結末の鐘の音が目覚ましと合うように、長い夢をうまく見たものだなどと、馬鹿げたことは誰も考えられないことと思う。とすると長い夢の結末がちょうど外的刺激と合致することはどう説明するとよいのだろう。それは次のように説明できるのではないだろうか(図11を参照)。すなわち覚醒時においては、コンプレックスは意識下に押しやられているが、睡眠中は意識と無意識の境界が弱まり、コンプレックスの動きが高まってくる。そのとき外的刺激、たとえば、目覚ましが鳴ると、それはそのときに高まっていたコンプレックス内で、それに対応する心像D、すなわち、教会の鐘の音を刺激する。それとほとんど同時に、そのコンプレックスを形成している表象群のうちの、A、B、C、たとえば、春の散歩、隣り村のひとの晴着姿、教会の墓石の銘、などが意識化され、そして目覚めることになる。この目覚める途中、および、その後において、これらの心像群は自

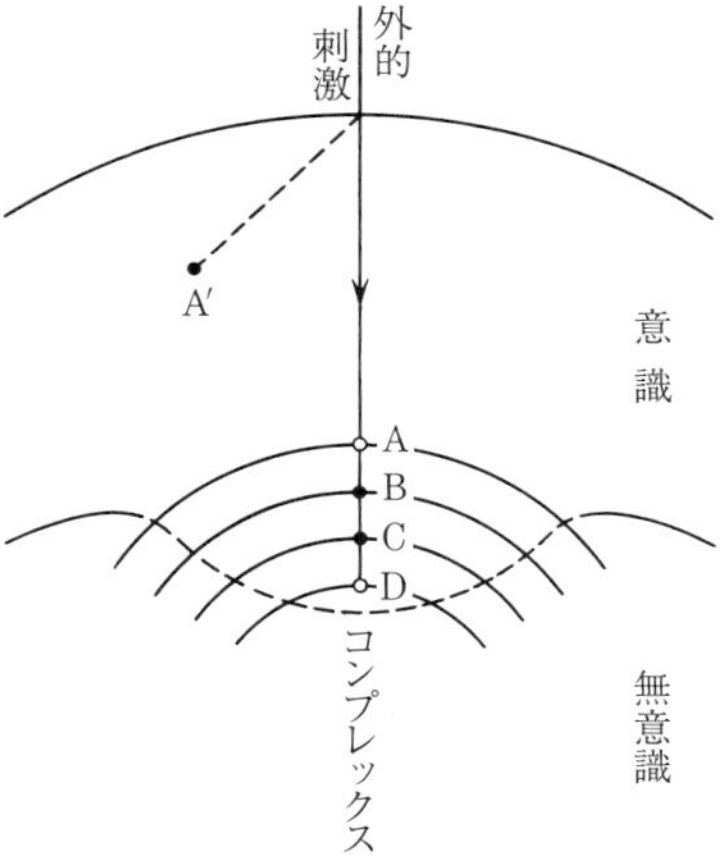

図11

我による時間的、あるいは合理的な糸によって継ぎ合わされて、前に示したような一連のまとまった話とされる。これがもし覚醒時であれば、コンプレックスは意識下にあり、外的刺激はただちに意識内におけるA′点、すなわち目覚ましの音として知覚されて、何らの問題も起こらないわけである。このように考えると、コンプレックスが簡単なものではなく、中核をもった表象群によって層をなしていることや、多くの実験に示されるように夢の物語における時間と、夢を実際に見ている時間が非常に異なること(短時間のうちに長い夢を見られること)が納得されるのである。無意識内における無時間(timeless)性、すなわち、一年のことが一瞬に終わったり、過去と現在が混合したりすることはよく指摘されるが、これはコンプレックス内においては相接している心像AとBが、必ずしも時間的に相接しているわけではない事実を反映しているわけである。ともかく以上の説明によって、外的刺激と夢の構成の関係が明らかになったことと思う。この場合、説明を簡単にするために、心像A、B、C、Dは同一のコンプレックスに属するようにしたが、実際の夢の場合は、もっと複雑にコンプレックスがからみ合っていることも多い。そして、今は外的刺激について述べたが、それにかぎらず、その日の昼間の出来事のなかで、コンプレックス内の心像に関連性が強いもの、あるいはコンプレックスを色づけている感情を刺激するようなものがある場合、それは今説明したのと同じような経過をたどって、夢のなかに現われることと思われる。要するに、外的刺激など夢の源泉と呼ばれるものは、夢の形成に当たって、一つの条件となっているものであるが、これが夢のすべてを決定するものではなく、われわれとしては、むしろ、他の条件としての、夢みるひとの心の状態のほうに注目してゆくわけである。

2　夢の機能

前節において述べたごとく、夢の機能のもつ最大の意義は、意識に対する補償作用である。しかし、夢はいつも補償的とは限っておらず、むしろ破壊的と感じられるものさえある。結局、夢はそのときの意識の状態と、それに対する無意識の状態との相互作用によって生じるものであるが、無意識の心的過程が強くて一方的になるにつれて、補償的な意味がうすくなってくるようにも思われる。これらの点を考慮しながら、次に夢の機能に従って一応の分類を試みた(9)。しかし実際の夢の場合は、むしろ次にあげるような単純でわかりやすいものは少なくて、不明確であったり、機能がからみ合っていて複雑であったりすることが多い。しかし、一応の見当を得るものとして、次のように分類してみたわけである。

(1)単純な補償　これは意識の態度を補償したり、あるいは意識的な体験のたらないところ、未完のところを補うような夢で、比較的わかりやすい。自分の知能を過小評価しているときに、「知能検査を受けて高い知能指数が出て驚いている」夢を見た場合などである。あるいは、ユングのあげている例では、(10)彼がある女性の患者を分析していて、なかなかうまく進行しなかった。そのときにユングは夢でその患者のことを見る。すなわち、「高い丘の上の、城の上に彼女がいて、ユングは頭を上にそらさないと彼女がよく見えない」という夢である。これでユングは、このように患者を上に仰ぎ見る夢を見たことは、自分がどこかで患者を下に見下していたのではないかと気づき、それを患者に告げて、話し合うことにより分析場面が非常に好転するのである。あるいは、ニーチェがあげているソクラテスの夢も同種のものと考えられる。(11)つまり、ソクラテスが獄中で友人たちに語ったところによると、彼の夢枕に幻が現われ、「ソクラテスよ、音楽をやれ！」と、しばしば語りかけたという。ソクラテスはそれまで自分の哲学的思索を最高のものと考え、音楽の卑俗な大衆性を問題にしていなかったが、そのような一面的な考えを補償するものとして、この夢が現われたと見ることができる。ソクラテスはこの夢に従って今までの態度を変え、アポロに捧げる頌歌を作詞したとニーチェは伝えている。

(2)展望的な夢(prospective dream)　夢が単純な補償の域を越え、遠い将来への一つのプランのような意味をもって現われるもので、通俗的にいわれるビジョンという言葉がこれに当てはまるだろう。さきにあげたソクラテスの夢は、単純な補償というよりは、むしろこれに近いもので、今まで無視していた音楽をするという一つの有効なプランを、夢が示したものとみることができる。硬化した一面的な意識的態度によって、まったく問題の解決がつかないように思われるとき、このような夢をみると、夢が一つの解決を与えてくれたような気さえするのである。たとえば、自分の研究にまったくの行きづまりを感じている学者が、自分のまったく得意でないドイツ語をべらべらと喋って、ドイツ人と会話をしている夢を見、これが、今まで考えても見なかったドイツへの留学を決意させるような場合である。そして、このひとが実際にドイツに留学したとしても、これをあとで述べる予知夢とは区別して考えたい。すなわち、予知夢という場合は、あとで述べるように相当細部にわたってまで、夢に見たことと現実が一致するような場合をさしていい、展望的な夢は、細部にわたっての問題よりは、むしろ一つの大体のプランを提出する点に意味があると考える。

展望的な夢を見た場合、それが将来を「決定する」と考えることが危険なことはいうまでもない。前の例であれば、ドイツ語を話す夢を見たから、ドイツに留学したと単純に考えるような場合である。夢は一つのプランを提供するが、プランは実行されないかぎりあくまでもプランにとどまっている。今まで、何度も意識と無意識の相互作用の重要性について述べてきたが、この場合においても、夢の提出した方向に向かって努力を続けるための意識の関与の大切なことを忘れてはならない。たとえドイツ語を自由に話す夢を見たとしても、実際留学するまでには、ドイツ語の練習をするなど多くの意識的努力を必要とするわけである。夢より得た知見やプランをもとにして、意識的努力を積み、そのような意識の態度に対して、また無意識の動きも補償的になる。このような意識と無意識の絶え間のない相互作用によってこそ、ユングのいう自己実現が可能となるのである。

ただ、この場合に夢の提供するプランとは、意識の側からすれば一見無謀に見えたり、思いもよらないものであったりするために、それが意識の努力に支えられて成熟した際にでも、「夢のお告げ」が実現されたように感じられることもあるわけである。そして、このひとが「夢のお告げ」のみを信じるようになり、意識の努力を忘れるようになると、もはや、夢のお告げは効力を発揮しなくなるのである。なお、展望的な夢の例として、ドイツ語を話す夢をあげたが、この場合のように、夢におけるドイツ語を話すことが、そのまま現実世界におけるそれを示していると、つねにいえるわけではない。つまり、夢で子どもが生まれたので、すぐに子どもが授かるというように簡単にはいかないのである。この点も考慮しないと、ますます荒唐無稽な、「夢の信者」になってしまう。これは夢分析をすることは非常に危険であると述べた理由の一つである。この点に関してはよく注意をしないと、夢分析の最初に非常に印象深い展望的な夢(あるいは後述する予知夢)を見た場合、その印象があまりに強いために心を動かされてしまって、それから後、単純な夢信者になって、合理性を失ってしまう危険性が高い。夢に見たことは、あくまで内的現実と外的現実の微妙にからみ合って生じてきた心像として見るべきである。「子どもが生まれる」という心像は、新しい感情が生まれ出たのか、新しい人間関係が作られたのか、ともかく、何が生まれようとしているのかは、そのとき、そのひとの意識の状態に照らして綿密に調べられて後に、何を表わそうとしているかを決定すべきであって、簡単にそのまま、「子どもが生まれる」とするべきではない。

　夢が展望的な意味をもつため、心理療法の場面では、その治療の予後をある程度示すものとして、大きい意義をもってくる。このため、夢によって診断を下すことはできないにしても、夢を聞くことが診断を下したり、治療の方針を決定したりするときに役立つことが非常に多い。とくに、治療の最初に示される夢は初回夢(initial dream)と呼ばれ、治療の全過程を前もって予見しているのかと思われるほどの展望的な意味をもっていることもあり、非常に重要視される。この初回夢の重要性はフロイトも認めている[12]。しかし、実際には、厳密に第一回目に示された夢というのでなくても、治療の初期の頃に、初回夢と呼びたいほどの展望性の高い夢を得ることが多い。治療の実際場面においては、患者は、その悩みの解決の糸口をつかめず、まったく希望を失い、治療者のほうさえあきらめそうになりながら、明るい将来をさし示す展望的な夢に支えられて、治療を継続して成功に至るようなときもある。あまりに暗い現実に対して、明るい夢を見て患者は驚くのであるが、それが暗闇を照らす一条の光のような役割をもつのである。

(3)逆補償(reductive or negatively compensating)　これは否定的な補償とでもいえるもので、意識の態度を引き下げようとするものである。意識の態度があまりに良すぎたり、高くなりすぎたりしているとき、それを下に下げようとするような機能を夢が示すわけである。次にユングの述べている例によって説明する。[13] ある青年が次のような夢を見た。

夢　父が家から新しい自動車を運転して出て行く。まったく下手な運転である。父のあまりの馬鹿さ加減に私は困惑する。父はあちこちよろけたり、行ったり来たり、まったく危険な車の取り扱いをしている。とうとう壁にぶっつけて、車もひどく破損する。私は怒りきって、しっかりしないと駄目だと、どなりつける。しかし父は笑ってばかりいて、ぐでんぐでんに酔っていることがわかる。

さて、この夢を見た青年に聞くと、彼の父親はけっしてこんな馬鹿げたことはせず、むしろこの逆であることがわかる。その上、この父親は大変な成功者で、この青年は父親を尊敬し、二人の関係は非常に円満であることがわかった。このような場合、ともかくこの夢は、この青年の非常に好ましい父親に対する態度に対して、それとまったく逆の場面を描いていることは明らかであり、典型的な逆補償の夢ということができる。

このような逆補償の夢の機能について得た多くの知見はフロイトの研究によるところが大きいことをユングは認めている(14)。たとえば、この夢の例であれば、フロイト流にいうと、表面は円満に見える親子関係の裏において、この青年は、父親をこの夢にあるように馬鹿げた存在であると思いたい抑圧された願望をもち、結局この夢は、その隠された願望充足を示しているということになるだろうか。そして、「あなたとお父さんの関係は見かけは円満ですが、夢に表われたのが本当の関係なのですよ」といった厳しい解釈が与えられることになるかもしれない。そして、うっかりすると、この青年は自分の過去の生活史をふり返って、父親を憎く思ったりした思い出を引き出すことに努力するかもしれないし、あるいは、尊敬する父親をひどくいわれたことに腹を立てて、分析をやめようとさえ思うかもしれない。

これに対して、ユングは、ともかく現在、この青年の意識の態度として父親とよい関係にある事実はまず尊重しなければならないと主張する。この青年の父親を尊敬する態度を傷つけたり、破壊しようとしたりせずに、まずそのことを尊重する態度をもって、分析家はこの夢にのぞむわけである。けれども、では、どうしてこのような父親の価値を傷つけるような夢を見たのかとの疑問が残る。そして、この際、なぜ(why?)このような夢を見たのかと考え、過去の生活史のなかから、それに相当するようなものを無理に引き出してくるよりは、いったい何のために(for what?)こんな夢を見たのかを考えてみることが大切であるとユングは主張する。そして、実際にこの青年は、自分の父親に対する尊敬心を傷つけられることなく、この夢から自分の父親に対する態度は円満すぎる、つまりあまりにも父親に頼りすぎていることを見出してゆく。すなわち、夢が父親を引き落とそうとした意図をうまく取り上げ、父親を傷つけることなく、自分を引き上げることによって自主性を増加させてゆく方向に向かったのである。この例によって、逆補償の夢が、一見否定的な面をもちながら、それをうまく取り上げてゆくときは、建設的な意味をもってくることがわかったことと思う。そして、フロイトの主張する「願望の充足」ということが、ユングのいう「補償作用」ということとそれほど違ったことでないこと、それらの間の微妙なニュアンスの差も感じとれたことと思う。もちろん、後述するように、ユングは夢の機能をすべて補償作用で割り切るものではないし、補償といっても、とくに今述べている逆補償の点にフロイトが注目したことも大切なことである。

意識の態度を引き下げようとする逆補償の夢も、結局は建設的な面をもつことを指摘したが、意識のもつ一面性があまりにも強い場合は、夢は補償性という建設的な意味合いよりも、その硬い一面性の崩壊を予測するほどのものとなる。これがいわゆる警告夢(warning dream)である。その一例としては、ユングのあげている、山で遭難死した同僚の例があげられる(15)。ユングの同僚で山好きのひとが、山へ登り、頂上を越して天まで昇る夢を見る。ユングは独りで山へ行かぬように、案内人には絶対に従うように警告するが、このひとは、それを無視して山に行き、岩壁から落ちて遭難死してしまう。このような場合の夢は、むしろ補償夢の枠外にあるといわねばならない。そして、この場合は、山へ登って有頂天になっているひとに対して、それを引き下げるよりは、頂上を越えて天にまで昇ってゆくという非現実的な光景によって、このひとの態度を拡大して、その危険性を示したものということができる。実際、落胆しきった状態にあるときに、それと逆の楽しい夢が現われるとはかぎらず、むしろ逆に、もっと苦しい状態の夢を見て、まさに泣き面に蜂という状態になり、これによって、自分の苦しい、辛い状況がはっきりと認識できて、かえって立ち上がりのきっかけをつかめるようなときも存在するのである。なお、前にあげた山登りの夢の場合は、実際に夢を見たひとの遭難を予見した形になるので、これも展望夢ということもできるだろうが、ユングは、展望(prospective)という場合に、何らかの意味で建設的な見通しという点をもたせているので、そのなかには入れていない。実際、逆補償の場合も予見的であり、ただしこの場合は、悪い結果を予測したようなことになるわけである。ともかく、(1)〜(3)にあげた夢は、何らかの意味で補償的であったが、次にあげるのは、補償性の乏しいものである。

(4)無意識の心的過程の描写　夢は意識と無意識の相互作用のうちに形成されると述べたが、無意識の心的過程のほうが強烈な場合は、意識に対する補償性という点を認めることができず、無意識過程の自発的な発現と考えられるのがある。これは、精神病のひとや、未開人のいわゆる大きい夢(big dream)などに認められ、普通人でもとくに意識の力が弱くなったとき(病気、疲労)などにも認められる。こんなときに、ひとびとはまったく「思いがけない」奇妙な夢に驚き、かつ不思議に思うのである。しかし夢に関する知識をもったものにとっては、その奇妙な夢のなかに、神話的なモチーフを見出せることが多い。第三章に示した「肉の渦」の夢などは、これに近いものということができる。この場合は、夢を見たひとが渦に巻き込まれるのであるが、この種の夢では夢のなかに、夢を見た本人が出てこないことが多い。たとえば、「洞窟のなかで、金の鉢を守っている大蛇[16]」の夢を見たりするわけで、この夢の光景には本人が入っていないのである。夢のなかに出てくる本人はそのひとの「自我」を表わしている場合が多いが、夢のなかに自分が出ていないことは、この種の夢が自我から遠い層に根ざしていることを示しているとも考えられる。これらの夢のなかには、さきの肉の渦の夢のように非常に意義の深いものと、あまり大きい意義を(少なくとも意識的には)感じられないもの、つまり、普遍的無意識の内容の断片をちらりと見たといった感じのものがあるように思われる。

未開人のあるものは、これらの夢を普通の「小さい夢」に対して、「大きい夢」として区別しているものもある[17]。たとえば、中央アフリカのエルゴン族がユングに語ったところによると、彼らは夢には二種類あって、普通人が見る普通の夢、これが小さい夢であり、これに対して、首長やシャーマン等の偉大なひとは大きい夢をみることがあると考える。そして、大きい夢を見たときは、そのひとは部族の全員を集めて、その夢を語らねばならない。大きい夢であることをどうして判断するのかと聞くと、彼らは大きい夢のときはその重大さを本能的に感じ、その夢の印象があまりに強烈なので、自分自身でそれを保持しておくなど考えられない、とのことであった。

補償性が乏しく、心の過程を描写しているものとしては、第三章の第3節にあげた「自分の影が窓の外を歩いている」のを見た精神分裂病のひとの夢などが、これに属するものといえる。あるいは、ある不治の病いにかかったひとが偶然にも、自分の病名を知ることとなった前日に見たという夢、「荒野のなかで一人トロッコに乗っていた。トロッコは急に走り出した。速さはだんだんと速くなるが、私は止めようがない。トロッコは走って走って、ついには荒野のはて、虚空に消え失せそうになり、私は恐ろしさに悲鳴をあげて、目を覚ました」などをあげることができる。これらの夢は、ある意味において、まさに予見的なものであり、このような夢に接するとき、われわれは自分の力ではとうていとめるべくもない一つの流れ、一つの過程(process)の存在をさえ、感じさせられるのである。

(5)予知夢(telepathic dream)　夢が予見的な意味をもつことは、すでに例をあげて述べてきたが、まったく細部に至るまで予見的な夢も存在する。その典型的な例をあげる。これはハドフィールドの著書[18]にある例であるが、少し簡単にして述べる。

S夫人は夢で、息子のFが見知らぬひとと、どこかの崖にいるのを見た。Fは急に崖からすべり落ちた。彼女は見知らぬひとに向かって、「どなたですか」と尋ねる。そのひとは「ヘンリー・アーヴィンです」と答えるので、「アーヴィンって、俳優のアーヴィンですか」というと、「いや、俳優ではありませんが、似たような職業です」という。この夢から覚めて、彼女は大変、息子のFのことを心配するが、Fの兄は彼女の心配を笑い、大丈夫だと慰める。八日後に、Fはある崖の上で殺され、S夫人はその場所を訪れる。そこで、Fが殺されたときに居合わせたひとに出会い、それが夢にでてきた見知らぬひとであると思い、名前を尋ねると、ヘンリー・デベレルというが、コンサートで歌を歌ったりしていて、そのときは、ヘンリー・アーヴィンと名のっていたと告げる。

この夢は、息子の死のみならず、その場に居合わせた見知らぬひと、およびそのひとの名前まで予見した不思議な夢である。この種の夢は他にも報告されているが、これらになると偶然の一致として簡単に葬り去ることができないだけの高い一致度を示している。

予知夢はまことに不思議な現象であり、われわれ夢分析を行うものは、ときにそれに出会って驚かされるが、予知夢のように見えて、実は正確にはそうでない場合があることに注意しなければならない。すなわち、潜在記憶や潜在知覚による場合である。たとえば、あるひとが生まれて初めて、ある都会にゆくときに、その前日にその都会に行った夢を見る。そして、実際翌日に行くと、駅前のその都市の光景が前日の夢と同じなので驚いてしまう。このひとは、どうして今まで見たこともない景色を夢に見ることができたのかと不思議に思うが、後年になって、実は一度も行ったことがないと思っていたその都会に、小さい頃に行ったことがあり、それをまったく忘れ去っていたことが明らかになったりする場合がある。本人がまったく忘却していることが夢に出ることは、案外多くあるので(19)、この点については、よく注意をしないと、予知夢でないものをそのように思いこむことが多い。あるいは、身体的な異常があるのに本人が気づかないでいるが、睡眠時には、その身体の異常が感じられて夢を見るようなときは、夢に見た病気にしばらくたってからかかるように思われるので、この場合も、夢によって病気が予知されたように思われる[20]。実際問題としては、この場合確かに病気が予知されたわけであるが、ここに予知夢としてあげているのは、このような合理的な説明のつかないものをさしているのである。なお、初めにあげた例は、完全に事件を予知した夢であるが、テレパシー夢という場合は、予知ではなく同時的に起こった場合も含むものである。すなわち、肉親の死を夢みたとき、そのときと同時にそのひとが死んでいる場合などで、この種の例は、前に述べたハドフィールドの著書にもあり、ユングも記述している。

このようなテレパシー夢に関しては、「精神電流」などの考えによって説明しようとするひともあるが、ユングもいうように、このような現象を単純に説明することは危険であり、われわれは、説明を考え出すより前に、このような現象を注意深く記述してゆくことが大切であると思われる。とくに、このようなテレパシー夢が肉親の死のように、重大な事件のときにのみ起こるのであれば、まだしも説明しやすいが、いくら考えても重大と思えぬことにも起こることがあるので、よけいに説明がむずかしく思われる[21]。たとえば初めにあげた例であれば、息子の死はともかく、そこに居合わせた見知らぬひとの名前、それも芸名のほうが、どうして夢に出てきたのかなどは、まったく不可解なことである。

テレパシー夢のような現象は、その存在について調べる前に、その存在をさえ無視してしまうほうが、むしろ安全なことかもしれない。しかし、われわれとしては、やはり存在するものは存在するものとして認め、ただ、それについての説明を急がぬことが大切であると思う。このような現象を認めることは、合理的な考え方にのみ頼るひとにとって非常に苦痛であるので、たとえ、テレパシー夢を見たとしても、すぐに忘却されることが多いように思われる。しかし、これは、予知夢のもつ強烈な印象に心を奪われて、そこから偽科学や偽宗教を導き出して生きているひとよりは、少なくとも、より健康な生き方といえるかもしれない。

(6) 反復夢(repetition dream)　現実場面でのことがそのまま夢に反復される場合がある。しかし、この場合、よく注意すると実際に現実にあったこととは少し異なる部分があり、その異なった部分に注意して考えると、補償夢であることがわかることが多い。つまり、現実と異なって夢に現われた部分が、自分が現実に見たり、感じたりした点について、補ったり、修正したりすべき点を示していることが多い。このため、実際あったことをそのまま夢に見たと告げられた場合、分析家としては、「それでも、少しは実際起こったことと異なる点がありませんか」と必ず尋ねてみるべきである。ある母親が自分の娘を叱り、その夜、それと同じことを夢に見た。しかし、よく考えて見ると、夢のなかでは自分の父親がそばに立っていた点が実際と異なっていた。しかも、その父親が大変若いときの父親だったので不思議に思った。「父親があまり若いので、私はその奥さんといった感じでした」といってしまって、このひとは、自分が娘に叱っていることや、その態度などが、自分が小さい頃に母親にされたのと同じことをくり返していることを悟るのである。

今述べたような類ではなく、実際にあったことがそのまま夢にくり返されるのが、反復夢である。これが典型的に見られるのは、戦争場面でのショックで、そのショックを与えた光景がそのまま夢にくり返されるのである。これは、そのようなショッキングな経験が自我に完全に統合されていないので、それを再び夢で経験しつつ、自我への統合を試みようとしているものと考えられる。このような場合は、その夢を「解釈」する意義は何もなく、その夢に出てきたような経験について患者に語らせ、それに聞き入ることが大切である。このような分析家の態度と相まって、患者はその受け入れがたい経験を十分に明らかにしつつ、自我のなかに取り入れてゆくことができるであろう。このようなときは、同様の夢がまた反復されながら(あるいは、少しの変形を伴って反復されながら)、消失してゆくものである。筆者の経験では、ハンガリー動乱のときに、凄まじい市街戦を経験したひとを分析した際に、この種の夢が生じてきたことがある。やはり、そこに話される経験は凄まじいものであるが、このような話を聞くことも分析家の役割の一つであろう。それが、あまりにひどいものなので誰にも話すことができず、といっても忘れることもできず、心のなかにおける一つのわだかまりとして、不安定に存在していたものが、一対一の人間関係の場面で表現され、明らかにされてゆくにつれて、自らおちついてゆき、自我のなかに位置づけられてゆくことは、心理療法場面における表現することの意義を、痛切に感じさせるものである。

以上で夢の機能についての説明を一応つくしたことになるが、最後に付加しておくことは、夢において非常に象徴性の高いイメージが出現することである。これは夢の機能の一つとして、象徴の生産を取り上げるべきであるとさえ思わせるものである。幾何学的図形としての、十字、円、正方形などが、そのまま、あるいは他と組み合わされたりして、高い象徴性をもって夢に現われるのである。あるいは夢のなかで、「半径 r の球に内接する正四面体の高さは、いくらになるか」などという問題として現われたりする。しかし、これらはたんなる幾何学図形ではなく、夢見たひとにとっては、合理性と非合理性、精神と肉体、無意識と意識、などを統合しようとする試みの象徴的表現として現われているものである。ただ、ここに象徴の生産を一項目として取り上げなかったのは、このことは、すでに述べた夢の機能のなかに、それぞれ含まれるものであるし、象徴といっても、つねに幾何学的図形をさすとは限らないためである。実際、夢の機能は相互にからみ合い、複雑なものであることを、最後に再び指摘しておきたい。

3 夢の構造

ニーチェは、夢は神秘劇であると述べ、ショーペンハウアーは、「夢においては、だれもが自分自身のシェークスピアである」[22]といったという。ユングも一般に夢が劇的構成をもつことを重要視している。すなわち、夢も劇と同じく、(1)場面の提示、(2)その発展、(3)クライマックス、(4)結末、の四段階に分けることができる。わが国でいう、起、承、転、結、が夢の構成として認められるわけである。もちろん、これは典型的な場合であり、劇にも一幕もので、問題の提示のみに終わるものがあったり、あるいは劇作家が、作品を完成する前に、いろいろのスケッチや試作を試みるように、夢においても、この四段階がいつもそなわっているとは限らない。前節に述べたように、象徴的なイメージのみが見られることもあるのである。しかし、一般には夢をこのような劇的構成の面から考えてみることが大切である。

たとえば、この章の最初にあげた夢を例にとると、これはまさに劇的な夢であったが、次のように段階を分けられるだろう。

(1)場面の提示　「大きいホテルのような家で、多くのひとが住んでいた。」つまり、この段階では場所と登場人物が明らかにされる。この場合、劇においては大切な「時」が、入っていないことは注目すべきである。無意識内における無時間性と相まって、夢においては、日時は明確でない場合が多い。しかし、ときには、「それは去年の三月十五日のことです」などと非常に明確に出てくるときもあるが、一般にはまれなことである。

(2)発展　「殺人がくり返し行われるのを見たこと。」ここで話が発展して殺人事件が起こる。このとき「川が溢れて家のまわりを流れているのを見た」ことは、水によって無意識が表わされることは非常に多いが、この場合、まさに意識と無意識の水準が変化して、夢が深まってゆく点を示している。

(3)クライマックス　「最後の殺人者を見知らぬ男に告げ、そのあとで、何も知らなかったことにしようと申し込むが、いまさらしかたないといわれて困る。」ここで、殺人者がだれであるかを告げたために問題が生じてきて、話はクライマックスに達する。そして、これをどのように解決するかが大きい課題となってくる。

(4)結末(問題の解決)　「最後の殺害者は自分の刀で自殺してしまう。」この結末は、いささか意外なものである(もっとも、夢の結末には意外性を伴うものが多いが)。夢の結末は非常に大切で、われわれはこの点に注目しなければならないが、一般的にいって、やはりハッピーエンドの夢のほうが望ましい。たとえば、この場合、「殺害者は、私が彼のことを話したのを知り、私におそいかかり、私の胸を刀でさす」とでもなったらどうであろうか。われわれは一種の危機感を感じることだろう。この場合の結末は、いささか意外であり、しかもハッピーエンドともいいがたいものである。それだけに、ここに提示された問題、すなわち、感情機能を自我のなかに統合しようとすることがいまだ遠いものであることを示している。しかし、これを、その次にあげた電話の夢の結末に比べると、少しは進歩していることが認められる。

夢の結末が大切であると述べたが、ときに最後の結末の場面を欠く特徴的な夢が生じる。つまり、この夢であれば、見知らぬ男に「もういまさら知らないといっても始まらない」ときめつけられて困り果て、どうしようかと思い惑うところで目が覚めるような場合である。このような場合は、その解決は意識の決定にまかされている。あるいは、意識的な解決への努力が要請されているものともみることができる。この点を非常に端的に示している夢の例を次に示す。

夢　私は自動車を運転していた。車は坂を下り出し、だんだんと早くなってきた。途中で、私はその車にブレーキがないことに気づき真青になる。車のスピードは増すばかり。私はこうなったら逃れる道はただ一つ、目を覚ますだけだと思って、頑張って目を覚ます。

これは、あることに盲目的に夢中になりかかったひとに対する、判然とした警告夢である。まさに、このひとにとって「目を覚ますこと」が必要だったわけであるが、さきに述べた点をも、如実に示している夢の例ということができる。

劇が一つの問題場面の設定と、その解決としての様式をもっていること、および、劇の観客が主人公との同一視による情緒反応により、浄化されることなどは、そのまま夢にも当てはまることである。しかし、ここで大切なことは、夢においては、各自が「自分自身のシェークスピア」として劇を作るのみでなく、演出家であり、出演者であると同時に、観客でさえある点である。つまり、夢においては、それを演じ、観ることの両方から浄化される度合いが倍加するわけである。このため、夢を見ること自体、すでに治療的な意味をもっているとさえ考えられ、神秘劇[23]がそのような役割をもっていたように、「夢こそは、治療的な神話(therapeutic myth)である」とまでいうことができる。夢のなかにおける深い感動が、そのまま一つの偉大な体験として、そのひとを支えるものとなるような場合である。次にそのような例を示す。

夢　妻が子どもをみごもる。しかし、妻は経済的理由を盾にして人工流産させようという。私はこれに反対する。非常に奇妙なことに、生まれてくるはずの可愛らしい赤ちゃん(女の子)が見える。私は赤ちゃんを見たので、ますます子どもを産むことを主張するが、妻は経済の貧しさを説明して強く反対する。「まったく女性は現実主義者なので困る」と思いながらも、私は何とか収入を増やす道を考えるからといい、妻もとうとう同意してくれる(ここから、私は自分が観察者か、夢のなかの人物なのかわからなくなってくる)。一人の見知らぬ男性が現われ、今から笛を吹き、ラジオで放送するという。この男はマイクの前に立って笛を吹こうとするが、音楽を放送するよりも、今日、妻との間にあったことを話すほうが、人工流産を安易にしているひとたちが多いこの頃では、はるかに有益であろうと思う(このあたりから自分が知らぬ間にこの男になっている)。私は妻との間の口論について話をし、人間の生命の尊さについて述べようとする。このとき、背後から、悲しさに満ちた笛の音が嫋々と流れてきて、私は叫び出したいほどの深い感動におそわれながら話を続ける。

この夢のもつ意義はまったく明瞭で、説明や解釈をほとんど必要としない。この夢を見た男性は、実際に、ずっと以前に、子どもができることになったとき、経済的なことなど他の理由もあって、むしろ奥さんのほうは、産む気持があったのを説得して、人工流産をさせてしまったひとである。この夢のなかでは二人の立場が逆転しているのも興味深いが、このひとにとっては、以前に合理的に処理してしまったと思っていた事柄は、この最後の場面での悲しい笛の音のように、細く、しかし強く心の奥底に生き続けていて、そのつぐないとして、「人の生命の尊さ」について、日本中に放送しなければならぬことになる。そして、最後に、叫び出したいほどの感動を味わったことは、まさに、このひとにとって大きい意義をもち、これまでの人生観を変えるほどの作用があったものと思われる。これは夢のなかで劇を演じたことの治療的な意義を示す好例であるが、さきに述べた劇的構成という点からみると、前半と後半と二つの劇からなっているともみられるし、あとの劇においてで語られる事柄を、劇中劇のようなかたちで、前半において見たとも考えられる。これらはすべて、劇や映画の手法とも相通じるものである。それにしても、実際には現実主義者であるこのひとが、夢のなかでは立場が変わり、しかも奥さんの反対にあって、「まったく女性は現実主義者なので困る」と嘆くあたりはまったく傑作といってよく、ニーチェのように、夢のなかには「どうでもよいもの、不必要なものなど何一つない」といいたくなってくる。また、前節に述べた夢の機能の点からいえば、この夢の補償性は明らかに認められようし、女の子の誕生という展望的な意義も認められる。

次に、夢のなかには典型的なモチーフが生ずることに注意しなければならない。たとえば、旅立ち、渡河、別れ道の選択、隠された宝物、危険な動物(怪物)と援助的な動物、空を飛ぶこと、など数え切れぬほどある。しかし、これらの主題はつねに神話や伝説、おとぎ話などにも存在しているものであるから、夢分析をするひとは、これらの主題とその意義についてできるだけ多く知っておかねばならない。実際、夢のなかにはおとぎ話にそっくりのようなものもある。次にユングのあげている興味深い例を示す(24)。

夢　私はけだかい僧形のひとの前に立っている。このひとは「白の祭司」と呼ばれているのに黒い長い衣をまとっていた。ちょうど、この祭司の長い話の終わるところで、最後に「このためにわれわれは黒の祭司の助けを必要とする」といった。すると、突然扉が開き、もう一人の老人、白い衣をまとった「黒の祭司」が入って来た。このひとも大変高貴なひとに見えた。黒の祭司は明らかに白の祭司と話がしたいようであったが、私のいるのを見てためらっていた。すると、白の祭司は私を指さして「お話しなさい。彼は罪のない人間だ」といった。そこで黒の祭司は不思議な話、つまり、どうして彼が天国の失われた鍵を見つけたか、そして、その使い方がわからないでいるとの話を始めた。彼は、鍵の秘密を明らかにしてもらうために白の祭司のところへ来たのだという。さて黒の祭司は次のような話をした。彼の住んでいる国の王様は自分にふさわしい墓石を探していた。彼の家来は偶然にも古い石棺を掘り出したが、その中には乙女の死骸が入っていた。王様は棺を開いて骨を投げすて、後の用のために石棺をまた埋めさせた。しかし、骨が日の光に当たるや否や、乙女であったものが黒い馬に変わり、荒野の方へ逃げていった。黒の祭司は荒野を越えてその馬を追い、多くの事件や困難にあったのちに、天国の失われた鍵を見出した。そこで黒の祭司の話が終わり、夢のほうも残念ながら終わりとなった。

これはある神学生の夢であるが、このなかには、おとぎ話にでも出てきそうな主題がたくさん含まれている。とくに印象的なのは、この、おそらく宗教的な問題をかかえて悩んでいるであろう神学生の前に、その解決の鍵を持っているような高貴な老人が出現することである。これはおとぎ話によく現われる、主人公が困り果てたときに急に現われて助けてくれる老賢者(wise old man)のイメージである。われわれ凡人が困り果てているときに、長い年月によって磨かれた老人のみのもつことができる知恵をもって、このけだかいひとは、価値ある忠告や助言を与えてくれるのである。この夢の場合は、この老人のもつ不思議な二義性が黒と白のテーマ、そしてその交錯となって表わされている。これは善と悪との間の微妙なからみ合いを示唆しているもののように思われる。

さきの例に示されるように、夢にはいろいろなモチーフが含まれているが、同じ日に見た多くの夢が、一見すると非常に異なった夢に見えながら、どれも結局は同じ主題を問題としているようなこともあるので、この点には、分析家はよく注意しなければならない。そうして、その同じ主題について、内容がだんだんと深まっているような場合もある。このような点をまず指摘することは分析家にとって大切なことである。このため、夢の分析に当たっては、もってこられた夢について一つ一つ話し合う前に、全部の夢を一通り、ざっと聞くほうがよいように思われる。全体を通じての共通の主題や流れを、一応把握してから、個々の夢について細部にわたって話し合ってゆくほうが好都合と思われる。また、次節にも述べるように、夢を見たひとの意識の状態を知ることが大切であり、夢のみならず、そのひとが話す現実生活の事柄についても、共通の主題を見出すことが多いので、この点も注意していなければならない。夢の記述に用いられた表現と、現実生活のことを述べるときの患者の表現がまったく同様であるような場合もあり、この点については、むしろ話をしている患者自身は気がついていないことが多く、その点を指摘することによって洞察が深まることがある。次に、そのような例を示す。これは、あるスイスの高校生男子で、同性愛と夢中遊行のため、分析治療を受けるように校長先生よりすすめられて来たひとが、分析を受け始めて間もなく見た夢である。

夢　私はあるホテルの食堂にいた。何かを食べ終わって、デザートを待っているところだった。ところが、デザートの代わりに、何か錠剤の薬をもらった。私は立腹して文句をいいに行った。……私はいったいデザートを注文したのか錠剤を注文したのか怪しくなってきた。私は錠剤を必要とするのかもしれない……たぶん、私が錠剤を注文したのだろうと、そこであやまった。

この夢も、劇的構成という点からみると、ホテルの食堂にいる自分、という場面の提示があり、デザートを待っているのに錠剤をもらうという、発展の段階。これに続いて、文句をいいにゆくところでクライマックスに達するが、その結果は、だんだんと自信がなくなってきて、自分が注文したのだろうと詫びることになる。ところで、この夢をもってきたとき、この高校生は分析を受けるのをやめる決心をして来たのだった。彼は同性愛などというものは高校生くらいであればだれも一度はなるもので普通のことだから治療の必要がないといい、彼の学校の校長が行けというから来てみたが、自分には分析を受ける意志必要もないと思っているのに、分析を受けさせられたという気持を受け入れて、そのことについて、同性愛について、彼の校長に対する怒りの気持について話し合った。そのうちに彼の気持はだんだんと変わってきて、やはり分析を受けてみようという気になってきた。校長にいわれて来るのではなく、自分の意志で分析を受けることにしようとさえいい、「私は分析を必要とする」と独り言のようにいった。そこで私は、「私は錠剤を必要とする」というと、彼はにっこりしたので、「それに、たぶん錠剤を注文したのも自分だったろう」とつけ加え、お互いに顔を見合わせて笑った。「分析はデザートのように甘くないが、必要とあれば飲まねばならない。それに、ご自分で注文されたようですから」と私は重ねていった。この夢では、このように自分の考えていることを、最初は分析に対する反発、それをやめることの決心として語り、その気持がだんだんと変わってきて、話しているうちに、その表現が夢の表現と重なってきて、それを分析家が指摘することにより、その意義が明確にされてきた例である。モチーフの指摘という点からだんだんと話が実際的なことになってきたが、夢分析において実際的に注意しなければならぬ点を次節にまとめて述べることにする。

4　夢分析の実際

夢は意識と無意識の相互作用のうちに形成されることをくり返し述べてきたが、このような意味からいって、夢分析の際に、夢を見たひとの意識の状態を知ることがまず大切である。すなわち、どのような意識の状態に対応するものとして夢が生じてきたかを知っておかぬと、その意味がわからないことが多いのである。このため、夢分析に当たっては、夢を見た日にあったおもな出来事や、そのひとが考えたり、感じたりしていることを聞くことが必要である。そのひとの考えていることを聞いているうちに、それが夢と重なってきた例を前節にあげておいたが、このような例はよくあることである。(25)夢を見たひとの意識の状態の次に知らねばならぬことは、夢の個々の内容についての、そのひとの連想である。たとえば、この章の二つ目にあげた幽霊協会の夢であれば、「電話について、何か思いつくことはありませんか」と尋ねる。この場合、自由連想的に、一つの事柄Aについて、A→B→C→Dと連想を聞くのではなく、Aについて、図12に示したように、それを中心として連想を聞くことが大切である。たとえば、電話について連想を聞くと、「電話代が

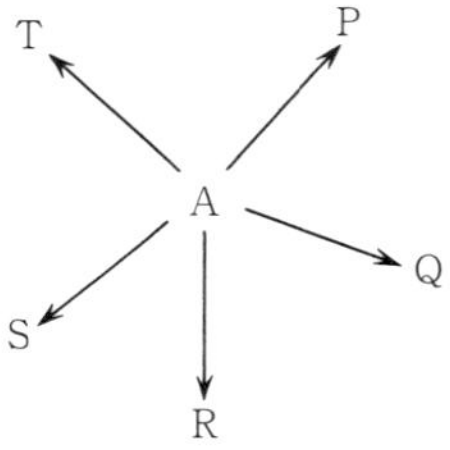

図 12

高くついて困る」と答えられたとき、「何か高くついて困るということで、思い浮かぶことはありませんか」……といったふうに、連想の鎖を追うのではなく、電話代が高くつくとのことに対して、「電話について、もっとほかにも思いつくことはありませんか」とくり返し尋ねてゆくのである。このようにして、電話がこのひとにとって、どのような心像としての意味をもつかが明らかにされるわけである。連想が思い浮かばないときは、「電話とはどんなものか、電話を知らないひとに説明するとしたら、どんなようにいわれますか」と尋ねたりする。ここに、自由連想を排して、一つのことを中心として連想を尋ねることは、次のような理由によっている。すなわち、自由連想をさせて、鎖をたどってゆくと、これは何らかのコンプレックスに到達する。実際、この連想の方法がコンプレックスの解明に役立つことは、ユングも連想実験によってよく知っている。しかし、このような方法でコンプレックスを解明するのならば、何も夢を材料にする必要はなく、新聞の記事からでも何からでもできることである。すなわち、このような方法をとると、コンプレックスの分析にはなる(それは間違ってはいない)が、夢の分析にはならないのである。

フロイトによると、夢はあくまでファサードであって、その背後に隠された願望を見つけ出すことが夢分析の仕事となってくる。このため前述したような自由連想的な方法を用いると同時に、夢における移動(Verschiebung)ということを認めるので、夢の解釈は、ますます夢そのものから離れたものとなってくる。つまり、移動の作業によって、夢のなかでは強いものが弱いものに、もらうということが与えるということに「移動」することもあると考える上に、前記の方法を併用すると、極端な場合は、すべての夢からエディプス・コンプレックスを導き出してくることも不可能でなくなってくる。実際に、このことは、このような手法で神話や伝説を解釈したフロイトの弟子たちが、どの話からもエディプス・コンプレックスを見つけ出してくるので、初めは喜んでいたフロイトも、ついに、これらの仕事を代わりばえのせぬ収穫(monotonous harvest)をあげてくるものだと評したことにも反映されている。

これに対して、ユングは、夢はその背後に何かを隠しているファサードとしてではなく、夢自体を一つの現実として、夢そのものを大切にしなければならぬと主張する。このため、夢における「移動」の作業ということはほとんど考えない。このようにして夢を見るときは、夢そのものの表現から、ちょうどそのときに問題としなければならぬコンプレックスに、どのようにしてわれわれは対処してゆけばよいのか、それが今、意識との関連においてどのような状態にあるのかを読み取ることができるのである。このことは、第二章において、コンプレックスの解消について述べた際に、われわれはどのようなコンプレックスをもっているかを探しまわるよりも、そのときに自我との強い関連をもち、したがって自我に統合されることが期待されるものに、正面から対決してゆくことが大切であると述べたことに関係している。そして、コンプレックスはつねに自我との関連によってとらえられ、それが自我に統合されてゆくときに建設的な面をもちきたらすものであることも大切である。このように考えると、ユングの夢分析の場合は、あくまでも、夢を自我との関連の上において、すなわち意識と無意識の相互作用におけるものとしてみていることがわかる。フロイトのような方法によってなされるコンプレックスの解明は、間違ってはいないにしても、そのときにおける自我にとって、建設的な意味が少なくなると考えるのである。

　夢分析において、夢を見たひとの連想を重んじることは大切なことである。この場合、夢に現われた事象を何かの象徴(ユング的にいうと記号ということになるが)として、すぐに公式的におきかえたりすることがない点に注意されたい。すなわち、ライオンが夢に出てきても、すぐにそれを父親の象徴とか、権威の象徴とかに断定することなく、ライオンがそのひとにとってどのような意味をもつかを、まず連想によって明らかにするのである。そのひとは、小さいときにもらったライオンの玩具に対する特別な愛着について話すかもしれぬし、また、寝る前に見たテレビに出てきたライオンの漫画の話をするかもしれない。それらを通じて、ライオンがそのひとに対してもつ心像としての意義が明らかになってくるのである。しかし、夢見たひとにとっての意義と同時に、一般的に承認されていること、つまりライオンは強い動物であること、百獣の王といわれていることなども、やはり意味をもつことも多いわけであるから、このようなことも、もちろん無視してはならない。あるいは夢に現われた典型的なモチーフなどについて、夢見たひとが全然知らない場合は、その意義について分析家が述べることもある。そして、前節において述べた点からいえば、無意識的過程の描写として、意識の関与の少ない夢ほど、当然のことながら、夢を見たひとの連想は少なくなり、「何とも見当がつかない」ものとなるが、この場合は分析家が、その知見によって、それと似通った主題をもったおとぎ話や神話などを述べて、その意味を豊かにできることが多い。このように、夢の素材について、連想や主題の解明などによって、その意味を豊かにしてゆくことを、ユングは夢分析における拡充法(amplification)と呼んで重要視している。このように拡充法は夢の分析において欠かせぬものであるが、分析家が夢のなかにあるテーマを取り上げて意味を述べる際も、それを確定したものとしてではなく、あくまで夢分析のための素材を豊かにする一つの材料を提供するものとして、なされねばならない。このようにすると、分析家と被分析者は共同して、夢分析という一つの課題に取り組んでゆくような有様になってくるのである。

次に、夢を全体の継列のなかで調べるようにすることが大切である。ただ一つの夢だけよりも、継列的にみてゆくほうが、心の動きの過程がとらえられるので、はるかに意味が大きい。この点は、前節において、分析をするときに一通り夢を全部聞いておいてから、あとで個々に話し合うべきであると述べたことにも通じるものである。そして、夢の記録は保存しておいて、夢の意味がわかりにくくなったときは、ときに初めから見なおしたりすると、全体の流れがわかって、理解を助けられたりする。このように、一つの夢が与えられたとき、できるだけそれを全体の継列のなかにおいてみ、そのときの意識の状態に照らし合わせて、個々の内容について一つ一つ丹念に連想を積み上げてゆく。そうすると、そのなかにわれわれは何らかのまとまりをもった布置を見出すことができる。このような分析家と被分析者の相互作用による操作を通じて夢分析が行われるのであって、一つの公式や、きまりきった方法で、簡単に夢の内容が解釈されるようなものではない。このことをユングは「分析家は何をしてもいいが、夢を理解しようとだけはしてはならない」という警句によって述べている(26)。

夢分析に当たって、もう一つ重要なことは、主体水準(subjective level)と客体水準(objective level)の二つの解釈の意味があることである。たとえば、私が友人Aについて、何か夢を見た場合に、その夢は実際に友人Aのことについて語っているとみる場合は、その夢を客体水準でみているのであり、これに対して、その友人Aを、自分の心の内部における、友人Aによって具象化されるような特性について述べているとみるときは、主体水準で考えていることになる。たとえば、前にあげた(一五八頁)ユングがその患者のことを見た夢においては、その患者をもっと高く見上げることを夢に見て、そのまま、そのひとに当てはめて考えたのであるから、これは客体水準での解釈である。あるいは、ドイツ語は実際にできないのに、ドイツ人と話し合っている夢を見て、ドイツ留学のことを考えた例においては、夢を客体水準で、しかし展望的に把握したことになる。これに対して、本章の初めにあげた殺人の夢では、これを客体水準でとらえて、どこかで殺人事件が起こるのだろうというように考えるよりは、むしろ、この夢みたひとの心の内部における殺人としてみるほうが妥当であろう。つまり、このひとの内的な属性として、刀をもった殺害者たちによって表わされるようなもの、この場合であれば、自分の感情を切りすててきた思考機能として考えてみることのほうが意味が深いと思われる。このような見方が主体水準での夢のとらえ方である。

　夢には、この二様の解釈が可能であるが、どちらか一方が大きい意味を有する場合と、二者とも意味をもつ場合とがある。たとえば、前にあげた人工流産に反対する夢を見たひとの場合(一七八頁)では、このひとは男性として現実主義者であり、その夫人はロマンチストだと簡単に決め込んでいたが、この夢のなかで経済的理由によって人工流産を主張する夫人に対して、「まったく女性は現実主義者なので困る」と思うところは、客体水準で考えると、今まで自分の妻のロマンチックな面のみを見て、その現実主義的な点に気づいていなかったのに対して、それを補償する意味で、このような夢を見たということができる。これによって、今まで見えなかったその夫人の現実主義者的な面に対しても目が開かれたのである。しかし、一方、主体水準でこの夢を考えてみると、次のようにもいえるだろう。つまり、この夢のなかの夫人を現実のそれと考えず、自分の心の内部において、この女性によって表わされるような部分として考えてみると、今まで、自分は、男は現実主義であるとか、男性的に現実を処理してきたと考えてきたが、実はそのような行動をしてきた動力としては、案外自分のなかの女性的な要素が強かったのではないか、という点が反省され、このような考えを推し進めて、今までの自分の現実主義は、現実に実際に対処してゆく点よりは、「現実主義というムード」に酔っていたのではないかという点が明らかにされてくるのである。「現実のきびしさ」とか「男性的」とか、このひとが好んで用いてきた言葉の背後に、そのようなムードを発散させて、この男を動かしていた一人の女性を、このひとは心のなかに発見したことになる。

さて、この二様の解釈は共に、この場合価値のあるものであったし、この両者がしかも微妙にからみ合っていて、簡単に分離できるものでないことにも読者は気づかれたことと思う。その夫人の性格のなかに自分の今まで気づかなかった半面を見出すことと、自分自身の内的世界のなかに隠されていた面を見出すこととは、表裏一体のこととして現われているのである。このように、この二様の観点はそれぞれ意味をもち、また微妙にからみ合っているものであるが、一般に、夢に出てきた人物が自分に近いひとであると主体水準での解釈が意味をもつことが多く、自分より疎遠なひとであると客体水準による見方が意味をもつことが多いといえる。しかし、客体水準で意味をもつ場合は、それにとらわれすぎて、大切な主体水準での解釈を見逃すことのないように注意しなければならない。

今、一つの夢が客体水準でも主体水準でも意味をもつ例をあげたが、このように夢は多義的であって、多くの異なる見方を許すことが多い。これは、心像と象徴の説明において述べたように、これらはいつも集約的、具象的な表現であり、そのなかに実に多くの意味を内在させているからであって、その観点が異なると異なった意味を引き出せるのである。このため、分析家はさきに述べた拡充法の過程において、被分析者と話し合い、共同して、できるだけ夢のもつ豊かな意味を損うことのないように努めねばならない。夢の内容をすぐに明確な概念におきかえて解釈するときは、それはわかりやすく確実なものとはなるが、ときに夢のもつ豊かな可能性を殺してしまうことにもなるのである。この点からいえば、夢を概念におきかえて解釈をほどこすよりは、被分析者と共に心像のもつ味を味わうような態度も望ましいときがある。たとえば、幽霊協会からの電話の夢に対して（一四六頁）、それをすぐに、無視された感情機能からの呼びかけを自ら断ってしまったというように解釈してゆくよりは、「ともかく幽霊から電話がかかるなど、めったにないことですのに、それを自分から切ってしまうとは惜しいことをしました。貴女のように合理精神に富む方が、どうしてせっかくの機会を利用して、幽霊がどんな話をするのかを観察したり記録したりされなかったのか不思議に思いますね。ともかく、すぐ感情的になって電話を切ってしまわれたのですから」「あら、まったく本当ですね。私今度幽霊から電話がかかってきたら、もっと話をよく聞くことにしますわ」などと、一見他愛のない会話をかわすことのほうが、意味が高いときもあるのである。ともかく、分析家としては、とやかく解釈するよりも夢の心像そのものによって語ることが大切な場合が多いことを知るべきである。といって、このような方法にのみ頼り、明確さを失ってしまうと、分析家も共に流されてしまって、まったく分析の方向を失うようなことにもなるのである。

今まで述べてきたような観点に立って、最初にあげた、ホテルでの殺人の夢をもう少し詳しく見てみよう。これは十日ほど前に見た幽霊協会の夢に続くものであるが、このユーモラスな夢によって、自分と感情機能との接触の悪さをはっきりと知らされて後、それに続く殺人の夢によって、自分の感情を切って生きてきたことを強烈に示される。この夢は「大きい家、それはホテルのようであった」という場面の提示で始まる。多くのひとがいながら、お互いに関係のない状況としてホテルや電車の中などが夢の最初の場面として選ばれることは多い(たとえば、一八三頁の夢もホテルの食堂で場面が始まっている)。そして、このような疎遠な集団関係のなかから、だんだんと個人的なそのひと自身の人間関係や、あるいはそのひと自身の道を歩む状況が確立されてゆく過程が、夢の深まりにつれて示されるわけである。さて、この場合、彼女は凄まじい殺人がくり返されるのを傍観者として見ている。この切ることを武器とする殺害者たちは、今までの彼女の夢分析から考えて、彼女の鋭い思考機能と関連していることが察せられる。実際、彼女の鋭利な剣は外に対しては、愛情をもって接しようとするひとたちとの関係を断つことに用いられたであろうし、内的には、彼女の強い感情を切りすてることに用いられて、つねに感情を殺すことに役立てられてきたに違いない。この凄まじい光景を見て、初めは傍観者の立場(思考型のひとの好んで取る立場)にあった彼女も、率然として強い感情反応に取りつかれて泣き叫ぶ。そして、これに続いて、「こんなことは知らなかったことにしよう」というおきまりの浅薄な感情機能の働きが生じるが、いまさらしかたないと相手の男性に拒否されてとまどってしまう。しかし、最後の殺害者は自殺して果て、感情を切りすて切りすてしてきた鋭利な思考の刀は、最後には自分の胸に突き立てるよりほかないことが如実に示される。ここに刀を持った男性は死に果てるが、一人の見知らぬ男性が残り、彼も、「殺害者を責める気がないのならなぜ喋ってしまったのか、いまさらしかたがない」ときわめて思考型の反応をするが、ともかく、彼は殺人者の群には加わらず、彼女と個人的な会話をかわすことは非常に意義深い。彼女は未成熟にしろ、思い切った感情反応に生き、思考の剣の危険性をはっきりと認識すると同時に、一人の新しい、会話の対手となりうる男性を得たわけである。

ここに一つの、人間の心の内部の変容の過程を認めることができる。十日以前には幽霊として、電話で話し合った対手が、ここに少なくとも普通に話し合える人物となって現われたわけである。しかしながら、この男が見知らぬ男性であって、その会話の内容にも深い接触が見られない点から考えても、このひとの課題、つまり感情機能の開発ということが、まだまだ努力を要するものであることがわかるのである。この夢に見られる男性像の変容は、一方で、刀を持った男性たちが死ぬと同時に、見知らぬ男が現われるといった形で認められるが、これは、不明確な形で示された、「死—再生」のモチーフの現われともみることができる。このモチーフは夢分析、ひいては心理療法において重要なものであるから、次節において、取り上げて説明することにする。

5　死と再生のモチーフ

前節における夢分析の例において、死と再生のモチーフの重要性を指摘した。われわれ分析家は、自殺未遂、殺人、死の恐怖などと実際的に死の問題に対処してゆかなければならないが、それと同時に、夢における象徴的な死にも対決してゆかねばならない。そして、この両者は、山の頂上を越えて天まで昇る夢を見たひとが、実際に岩壁から落ちて死んだように(一六五頁参照)、微妙なからみ合いをも見せるのである。しかしながら、ここに注目すべきことは、現実の死は一般には何としても避けたい否定的な意味をもつものであるが、夢における内的な死は必ずしも否定的とばかりはいえないことである。それは、心像の世界における「死」は「再生」へとつながるとき、むしろ劇的な変化の前ぶれを示すものとして受け取られるからである。われわれは実際に、古い制度が死んで、そこから新しい秩序が生まれることや、「一粒の麦が死ぬ」ことによって、新たに多くの麦が生じることの秘密をよく知っている。死は挫折であり消滅であり、否定的な面をもつことはもちろんであるが、このように再生へとつながってゆく限りにおいては、肯定的な面ももっていることに注意しなければならない。このような意味において、心理療法によって大きい人格変化を生じてきたときに、死の夢をみることがある。

たとえば、この章の初めに例としてあげた「ホテルの殺人」の夢を見た女性は、その後四か月ほどたって、分析も深まり大きい人格変化を生じてきたときに、「白いバレー服を着て、野外で踊り、踊り終わって湖のなかに身を投げ、深い淵に沈んでゆく」という夢を見ている。そして、この死の夢のなかで、このひとは深い感動を体験するのである。このような深い死の体験を通じて、このひとの心のなかで何ものかが死に、新しい、よりよいものへと再生してゆく過程を、われわれ分析家は共に経験し、観察することができるのである。しかしながら、死がやはり危険なものであることに変わりはないので、死の意味の両価性についてはつねに注意していなければならない。その上、このような内的な死と、実際的な死が微妙にからみ合い、重い神経症から立ち直りかけた患者が急に自殺を企図したりするような事実も存在するのである。このため、心理療法家は、患者が重い状態から回復しかけたときに、かえって慎重に危険性のないように注意をするのである。

死が否定的な意味と肯定的な意味と両方を有することを述べたが、一般的にいって、後者のほうの意味に強調点がおかれた死の夢を見るときは、恐怖感よりもむしろ深い感動をもって体験されることが多い。さきのバレー服を着て湖に身を投じた夢を見た女性の場合もそうであったが、このような感動は、第3節に述べた妊娠中絶を思いとどまって、それをラジオで放送しようとした夢を見た男性の、「叫び出したいほどの深い感動」の体験に通ずるものである。この夢は、この男性が今まで切り殺してきた感情が、ここによみがえり、このひとの内に生まれ出てくることを示すものと考えられ、その再生に伴う感動がこのひとの胸を強く打ったものと思われる。

これらのような深い感動の体験は、ルドルフ・オットーのいうヌミノース体験(numinous experience)に相応するものである。[27] このヌミノース体験ということは、ユングが非常に重視しており、彼の宗教観とも結びついているので、ここに、それについて少し説明し、あわせてユングの宗教に対する考え方について述べたいと思う。ルドルフ・オットーは、宗教における「聖なるもの」(das Heilige)を追求し、そのなかにおける合理的な要素と、道徳的な要素を引き去ってもまだ残るものに注目し、それをヌミノースという言葉で呼んだ。つまり、人間をとらえる宗教的な体験は、概念化して合理的に表現できる以上のものを含むことを重視したのである。ヌミノースという語は神霊を表わすラテン語のヌーメン(nūmen)から作られたもので、ヌミノース体験は、「天意の体験」とも訳されようが、これはオットーの意図を正しく伝えないと思われるので、原語のままで用いることにした。彼はヌミノースの要素をさらに追求し、それは、いうなれば、畏敬(awfulness)、ちから

(overpoweringness)、魅力(fascination)の感情を伴うものであると述べている。すなわち、われわれの自我の力をはるかに超えた圧倒感、抗しがたい魅力、そして近よりがたい畏敬の感情を起こさせるような、ある体験、これがヌミノース体験である。そして、このような体験が宗教の根本として存在することを彼は主張するのである。

ユングはこの考えに基づいて、宗教とは、結局、「ルドルフ・オットーがヌミノースムと呼んだものを慎重かつ良心的に観察することである」[28]と述べている。しかし、ここに「観察」という言葉が入っているが、自然科学における立場と異なる点があることに注意されたい。つまり、観察の対象となるヌミノース体験は、人間の心のなかに抗しがたい力をもって生じるものであって、意識的に起こしたり、制御したりできるものではない。この過程において、人間は観察者であると同時に、その作用そのものであり、自ら体験しつつ観察するのである。ここに、宗教の原語としてのラテン語の religio が、本来、「慎重なる観察」という意味をもっていたことは、示唆するところが大である。そして、われわれの立場が、このような意味での宗教と深い関係のあることが、感じられることと思う。実際、ユングはその心理療法において、このような意味における宗教性の重要さを強調しており、この点、宗教に対して否定的な態度を示したフロイトと、著しい対照をなしている。ここにユングのいう「宗教」は、特定の「宗派」をさすものでないことは明らかである。

死と再生のモチーフと、その体験に伴う感動のことから、ユングの宗教に対する立場を説明したが、このような意味での宗教性と、再生の意義を如実に示す一つの例について述べる。ある母親がその六歳の男の子のことについて相談に来られた。その男の子が最近になって、死のことについて質問をするので困るというのが、その相談の内容だった。家庭は幸福で病人もいないし、最近、知人で死んだひともなかった。しかし、その坊やは、自分が大きくなったときのことを考えているうちに、もし自分が八十歳くらいになると、お父さんとお母さんはどうなるかと考え始めたらしい。このことは必然的に、死の問題につながり、人間は死ぬとどうなるのかということにもなった。このむずかしい質問に対して、母親は(現在の若い母親たちがほとんどそうであるように)、地獄や極楽の話をする気にもなれず、さりとて、キリストの復活について語ることもできなかった。このような場合、母親自身が信じている宗教があると、それによって答えることが、いちばん良い解決策であろう。しかし、今の場合、それがないとすると、残された方法としてはただ一つである。私は、この母親に、その坊やが話をしたい限り、その話を一所懸命に聞いてやり、慎重に観察を続けるようにすること、こちらからよけいなことを教えず、子どもの体験を分かち合うようにすることが大切であるといった。さて、この坊やは、「お母さん、また悲しい話をしようか」といって、母親のところに来て、死について自分の考えたことを話したそうである。あるときは、両親も死ななければならぬときがくると話して、泣きながら、「悲しい話だけど、話さないといられない」ともいった。これらを、母親は泣きながら聞き、話し合ったそうである。しかし、解決はほどなく、この男の子の内部からやって来た。あるとき、この坊やは生き生きと目を輝かして、「お母さん、とうとうよいことを思いついた」とやって来た。「僕が死んでも、もう一度お母さんのお腹の中に入って、また生まれてくるとよい」と、この子は話し、これで、すっかり死の話をしなくなったという。

ここで、読者の方が「なあんだ」と思われないように願いたい。私は、この報告を聞いたときに、強い感動におそわれるのを禁じえなかった。死の問題に対して直面していった六歳の男の子の心の内部から、どの宗教にとっても最も大切な「再生」のモチーフが、(非常に原始的な形態にしろ)生じてきて、この子どもの内的な安定をとり戻させたのである。このような再生のモチーフが誰に教えられたものでもなく、この子どもの内部に自ら生じてきたのであり、これを思いついたときや、このことを母親と共に語り合ったときの感動的な体験は、まさにヌミノース体験であり、宗教的なものといわねばならない。ここに、自分が老人になったときは両親はどうなるかと考え、死の問題を考えたほどの論理的な思考のできる子どもが、解決として得たものが、合理的な観点からはまったく馬鹿げたものである点に注意していただきたい。「死んでから母親のお腹に入る」ということは、まさに心像として重要な意義をもつものであって、死に対する合理的な解答ではない。しかしながら、この心像の出現により、この子が深い感動を経験し、それ以来、死の問題におびやかされなくなったことは明白な事実である。六歳の男の子が、死によっておびやかされながら、それから逃げることなく、母親に支えられながらも、その問題に直面していったとき、このような「再生」の心像が内部から救いとして出現したのである。この例は、「再生」のモチーフの重要性や、あるいは宗教ということの本質についても、示唆するところの大きい例といえる。

蛇足ながらつけ加えておくと、この心像によって、この男の子は死の問題を解決してしまったなどという気は、私には毛頭ない。ただ、この子はこの時期に、このような心像によって、死の問題をひとまず乗りきったということである。おそらく、この子どもは思春期になって、もう一度、死の問題を考えることになろう。そして、そのときにさきに述べたような原始的な心像に満足できないことは当然であろう。そのときは、また、この少年は苦悩し、死の問題に前より高い次元で取り組み、また新たな解決を見出してゆくことだろう。このようなくり返しによって、人間は年齢と共に成長してゆくのである。この例は、ある男の子が、六歳という発達段階に達したとき、外界からは死を思わすような影響を何も受けていないのに、自らそれについて考え始め、結局は誰にも教えられずに、自分の心の内部から生じてきた「再生」の心像によって立ち直っていったものである。そして、この子どもの場合は、外からこのようなことについて教えられる可能性がないことが明らかな状況にあったので、なおさら人間の心の内部にある心像表出の可能性を如実に示していると思われた。ユングが元型を、人間の心の内部における表象の可能性(possibility of representation)として説明する意味が、このような例からも明らかにされるのである。

死と再生の元型は、このように非常に大切なものであるが、(29)これが外界に投影された顕著な例としては、いわゆる太陽神話をあげることができる。朝、神の英雄が東から生まれ、日の車に乗って天上を運行する。西では偉大な母が待ち構えていて彼を呑み込んでしまう。暗い夜がおとずれ、その間に英雄神は真夜中の海の底を航海し、夜の怪物と凄まじい戦いをした後、朝になると、再びよみがえり東の空に現われるのである。この神話に典型的に示されている死と再生のテーマは、英雄が一つの仕事を成就しなければならないときに、まず経験しなければならない苦難の体験としても表わされ、英雄が怪物に呑み込まれてしまって苦心する話となっても多く存在している。ユングは、この暗い、苦しい過程を「夜の海の航海」(night-sea journey)と呼び、これが夢分析の過程にも、よく生じることを指摘している。次にユングのあげている夢分析の例から、そのような過程を示しているところをあげて簡単に説明してみよう。この例は、ユングおよびその指導を受けていたひとによって分析されたある若い男性の科学者の夢について、そのおもなものをあげながら、人格の発展の過程を示したものである(30)。今は、その多くの夢のうち、第二段階の夢として示されている11番から15番までのものを継列としてあげる。

夢1　私、医者、パイロット、それに見知らぬ女性が飛行機で空を飛んでいた。突然にクローケー(芝生の上で争う球戯)の球が飛んできて鏡を割った。鏡は飛行のための不可欠の器具であった。そして飛行機は地面に落ちる。またしても、いったいこの女性はわれわれ三人のうちのだれに属しているのかという疑問が湧いてくる(この女性に対する疑問は前の夢にもあったので、またしてもという表現が使われている)。

夢2　私は父、母、妹と共に電車のプラットホームの非常に危険な場所にいた。

夢3　海の底に宝があった。これに到達するためには、私は狭い入口から飛び込まねばならなかった。これは危険なことであるが、底の方で私はだれか仲間を見つけ出すことだろう。私は暗い海の中へもぐってゆき、深みの中に美しい庭園を発見する。それは対称的に設計され、中央には泉水があった。

夢4　私は父と薬屋に行く。そこでは、貴重な品、とくに何か特殊な水を安く手に入れることができる。父は、その水がとれる国について話をしてくれた。その後、私は

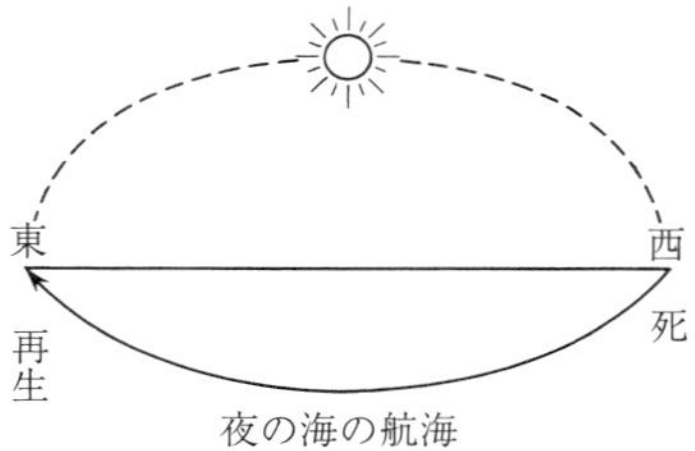

図 13

汽車でルビコン川を渡った。私と父、

夢5 四人のひとが川を船で下りつつあった。

私の友人、そして、あの見知らぬ女性であった。

これらの夢に対する詳細な考察はユングの原著にゆずるとして、われわれがここに注目したいのは、今まで述べてきた「夜の海の航海」のモチーフが、この夢の継列のなかに潜在的にではあるが示されていることである。すなわち、見知らぬパイロットと共に空に上がっていたこのひとは、突然に大切な器具である鏡を割られ、地に落ちる。おそらく、自分の能力にまかせて空を飛んでいたであろうこの若い科学者は、どうしても一度地に落ちることが必要であったのだろう。そして、夢2においては、乗物が飛行機から電車へと変わっているが、前よりも退行した状態、つまり、両親と妹と共に、家族の一員として現われている。人間が新しい段階へと発展してゆくためには、一度その得意の場面から落下して、いい、必然的に退行現象を起こすことが、必要であるが、この退行の時期がまた危険な状態であることも、この夢は示している。さて、夢3においては、このひとは地面から海の底へと、ますます沈下を重ねる。しかし、ここでは彼は危険を承知の上で、一つの決断をもって飛び込んでゆくのである。その海底には宝物、あるいは一人の仲間が約束されている。海の底で彼は生命の水をたたえている泉を見出すのである。このような決断を下したあとでは、四番目の夢において、生命の水を父親と共に求めにゆくこととなる。この夢においては、父親はもはやたんなる父としてではなく、生命の水の出所について知る老賢者の心像としての意味も重ねもつものとして現われている。新しい発展の前提として退行は必要であるが、退行には適切に終止符が打たれ、そこから再び立ち上がってゆかねばならない。このときにおいて、父なるものの役割は真に大切である。まさに、このときにおいて、このひとは「ルビコンを渡った」のである。最後に示した夢は、最初と同じく四人の構成であるが、飛行機は、流れを下る船と変わり、なお大きい変化は、初めの夢においては女性のみならず男性も見知らぬひとであったが、ここでは父と友人という、自分の知っている男性になっている点である。初めの夢に続く夢によって、このひとのなし遂げた仕事はここに反映されている。すなわち、最初、自分の心の内で無意識内にあったもの（見知らぬ二人の男性によって示されていた部分）が、意識内に統合されてきたことが示されている。彼はもはや、見知らぬパイロットと共に危険な飛行をすることなく、自分のよく知っている友人と共に川の流れに乗って進んでゆくのである。

さて、この一連の夢において、われわれは、心像の変化を通じて、このひとの人格の発展のあとをたどることができたのであるが、最後の夢においても、まだ見知らぬ女性として現われたこの謎の女性は、いったいどのような意味をもつのであろうか。夢のなかに現われるこの重要な女性像については、次の章において詳しく述べることにしよう。

注

（1）石橋臥波『夢』宝文館、一九〇七年、高峰博『夢学』有文堂書店、一九一七年、などに、わが国古来の夢に関する物語、作品の興味深い例が多くあげられている。
（2）フロイト以前の夢研究に関しては、フロイトの『夢判断』の第一章に卓越した要約がみられるので、それを参考にされたい。なお、夢全般にわたっての日本における入門書としては、宮城音弥『夢』岩波新書、一九五三年、がある。
（3）ニーチェ、手塚富雄訳『悲劇の誕生』世界の名著46、中央公論社、一九六六年、四五五―四五六頁。
（4）フロイト、高橋義孝訳『夢判断』上巻、新潮社、一九五七年、一〇七頁。
（5）Hadfield, J. A., Dreams and Nightmares, Penguin Books, 1954, p. 113. 伊形洋・度会好一訳『夢と悪夢』太陽社、一九六八年、一二二頁。
（6）Neumann, E., The Origins and History of Consciousness, Pantheon Books, 1949, pp. 5-38.

林道義訳『意識の起源史』(改訂新装版)紀伊國屋書店、二〇〇六年、三三一―七二頁。

(7) Jung, C. G., "Psychologische Interpretation von Kinderträumen und älterer Literatur über Träume," Seminar von Dr. Jung Wintersemester 1938/39. 李敏子・青木真理訳「子どもの夢と夢に関する古い文献の心理学的研究」、氏原寛監訳『子どもの夢I』ユング・コレクション8所収、人文書院、一九九二年、第Ⅲ章、一二六―二八八頁。本書発刊の時点では公刊されていなかったユングの夢のセミナーは一九八七年に、Walter-Verlag よりユング全集別巻として出版されている。C.G.Jung: Kinderträume, Herausgegeben von Lorenz Jung und Maria Meyer-Grass, Gesammelte Werke; Supplementband. Seminare, Walter-Verlag, 1987.

(8) フロイト、前掲注(4)書、四一―四二頁。

(9) Jung, C. G., General Aspects of Dream Psychology, C. W. 8, pp. 237-280. 秋山さと子・野村美紀子共訳「夢の心理学」『ユングの人間論』所収、思索社、一九八〇年、五九―一一六頁。を参考にしながら、筆者の考えもいれて適宜に分類を試みてみた。

(10) Jung, C. G., Memories, Dreams, Reflections, Pantheon Books, 1961, p. 133. 河合隼雄他訳『ユング自伝』1、みすず書房、一九七二年、一九四―一九五頁。

(11) ニーチェ、前掲注(3)書、五三五―五三六頁。

(12) ユングは、初回夢が患者の無意識的な病因を明らかにするのに非常に役立つこと、この点に関してはフロイトも見解を同じくすることを述べている。The Practical Use of Dream-Analysis,

C. W. 16, p. 140. 江野専次郎訳「夢分析の実用性」『こころの構造』ユング著作集3所収、日本教文社、一九七〇年、八三—八四頁。

(13) Jung, C. G., *ibid.*, pp. 154-155. 前掲注(12)「夢分析の実用性」、一〇七—一一〇頁。

(14) Jung, C. G., General Aspects of Dream Psychology, C. W. 8, p. 258. 前掲注(9)「夢の心理学」、八七—八八頁。

(15) Jung, C. G., The Practical Use of Dream-Analysis, C. W. 16, pp. 150-151. 前掲注(12)「夢分析の実用性」、一〇一—一〇二頁。

(16) Jung, C. G., On the Nature of Dream, C. W. 8, p. 291, 宮本忠夫・吉野啓子訳「夢の本質」『エピステーメー』五/七七 所収、朝日出版社、一九七七年、一七頁にあげてある例。

(17) Jung, C. G., Two Essays on Analytical Psychology, C. W. 7, pp. 176-177. 松代洋一・渡辺学訳『自我と無意識』第三文明社(レグルス文庫)、一九九五年、一〇一—一〇二頁。ここに小さい夢、大きい夢は、それぞれ little dream, big dream の訳である。わが国にも古来より「大夢」という言葉があるが、これは長時間の夢、したがって人生のことを意味するもので、まったく異なった意味をもっている。高峰博『夢学』八三九頁。

(18) Hadfield, J. A., Dreams and Nightmares, Penguin Books, 1954, p. 226. 前掲注(5)書、二三六—二三七頁。この本の最後の章に、予知夢の例が大分あげてある。

(19) フロイト、前掲注(4)書、二二一—二二九頁に、本人が忘却してしまっていることが夢に出てくる例が多くあげてある。
(20)　フロイト、前掲注(4)書、一一頁。アリストテレスは、このような点から、医者はおそらく昼の間は気づかれないような体内の変化の初徴を夢によって推知することができると考えた。
(21)　Jung, C. G., General Aspects of Dream Psychology, C. W. 8, pp. 262-263. 前掲注(9)「夢の心理学」、九二―九四頁。
(22)　Jung, C. G., On the Nature of Dream, C. W. 8, pp. 294-295. 前掲注(16)「夢の本質」、一九一―一九二頁。
(23)　Meier, C. A., Jung and Analytical Psychology, Department of Psychology Andover Newton Theological School, 1959, p. 45.
(24)　Jung, C. G., The Phenomenology of the Spirit in Fairytales, C. W. 9, I, pp. 216-217. 林道義訳「精神(ガイスト)元型――おとぎ話に見られる」『元型論』所収、紀伊國屋書店、一九九九年、二四六―二四七頁。なお、ユングの著書では、夢は三人称のかたちで書かれているが、ここでは、「私は」という書き方にして訳した。
(25)　夢分析において、意識の状態を知る必要があることは、投影法の解釈において、blind analysisが危険であるのとまったく同様である。夢の解釈法は投影法の解釈の基礎をなすものであるから、投影法の研究をされている方は、この夢分析の章から多くの知見を得られることと思う。前節における劇的構成の意義のところは、ＴＡＴの研究をされている方に役立つところがあったことと思う。事実、TATを作ったマレー(H. A. Murray.)はユングに分析を受けたひとである。

(26) Jung. C. G., The Practical Use of Dream-Analysis, C. W. 16, pp. 148. 前掲注(12)「夢分析の実用性」、九七—九八頁。

(27) Otto, R., The Idea of the Holy, Penguin Books, 1959.(Das Heilige, 1917, の英訳である)。山谷省吾訳『聖なるもの』岩波書店、一九六八年。

(28) Jung, C. G., Psychology and Religion, C. W. 11, p.7. 村本詔司訳「心理学と宗教」『心理学と宗教』ユング・コレクション3所収、人文書院、一九八九年、一一頁。

(29) ユングは再生について、興味深い論文を書いている。Jung, C. G., Concerning Rebirth, C. W. 9, I, pp. 111-147. 林道義訳「生まれ変わりについて」『個性化とマンダラ』所収、みすず書房、一九九一年、三—四八頁。

(30) この論文は、初め"Dream Symbols of the Process of Individuation,"として、エラノス年報、一九三五年、に発表されたものであるが、後に、Psychology and Alchemy, C. W. 12, の中により詳細な説明を加えて収録された。本文中、夢を訳する際、夢を見たひとを主体として、「私は……」という形に変えて訳出した。池田紘一・鎌田道生訳『心理学と錬金術』I、人文書院、一九七六年、第二部参照。

第六章　アニマ・アニムス

　前章の終わりに示した例において、ある男性の科学者の夢に登場する「見知らぬ女性」の重要さを指摘しておいた。ユングは、夢のなかに現われる異性像、すなわち、男性であれば女性像、女性の場合は男性像が、心理的に非常に大きい意味をもつことに気づき、それらの元型として、女性像の場合をアニマ(anima)、男性像の場合をアニムス(animus)と呼び、その意味を探究したのである。さきに第三章において普遍的無意識について述べたとき、その一例として、影(shadow)をあげて説明した。影は、前に述べたように夢のなかでは、自分と同性の人物によって人格化されることが多いが、これに対し、アニマ・アニムスは、異性の人物によって人格化されるのが通例である。つまり、男性にとって、夢のなかの男性像は、その影の心像であり、女性はアニマの心像である。そして、女性にとっては、夢に現われる女性は影の心像であり、男性はアニムスの心像とみることができる。さて、影は個人的無意識との関連が深く、比較的理解しやすいものであるが、これから説明しようとするアニマ・アニムスは、無意識のより深い層にあって、把握することが困難なものである。筆者の今までの経験では(いまだ非常に乏しいものではあるが)、日本人にとっては西洋人よりもはるかに、このアニマ・アニムスを自我のなかに統合してゆくことが困難に感じられるようである。このため、この章の説明を進めてゆくのに大きい困難を感じるが、話が少し皮相的になることを承知の上で、できるだけわかりやすく説明をしてゆきたいと思う。このような説明が、アニマ・アニムスを内的経験を通じて把握してゆくことの一つの機縁になれば幸いである。アニマ・アニムスについて説明するためには、それと対応するペルソナ(persona)について述べなければならない。そこで、まずペルソナと対比させながら説明することとする。

1　ペルソナとこころ

本書のめざすところは、あくまで自分の内界としての心の探索を行うもので、「心の現象学」とでも呼べるものと言える。そして、この章に至るまで、その現象の記述を続けてきたが、今ここで、「心」の意味について、ユングの考えを詳しく述べることにする。ユングは無意識の心的過程の存在を認め、今までくり返し述べてきたように、意識と無意識の相補的な働きを重視してきた。このような研究を進めてゆくにつれ、ユングは、われわれが漠然と心と呼んでいるものを、もう少し明確に定義づける必要を感じ、psycheという言葉とsoul(Seele)という言葉を概念的に区別して用いるようになった。psycheとは、意識的なものも無意識的なものも含めて、すべての心的過程の全体をさしているものであり、これを一応、「心」という日本語におきかえて、今まで用いてきた。これに対して、今はsoulが問題となるが、この意味は後に述べることにして、これを「こころ」と訳すことにする。ここに、「たましい」という言葉を用いなかったのは、これを宗教上の概念としての霊や魂などと混同されることをおそれるためである。そして、適当な訳語がないので、漱石が小説の題名にわざわざ平仮名を用いたのにならって、「こころ」と書いて、前述の「心」(psyche)と区別したわけである。

われわれ人間が、この世のなかに適応して生きてゆくためには、外的な環境に対して適切な態度をとってゆかねばならない。外的環境はつねにわれわれに、そのような態度をとることを要求している。つまり、父親は父親らしく、教師は教師らしく、子どもは子どもらしく、ある種の期待される行動に合わせて生きてゆかねばならない。そして、これを怠るときは、われわれは「不適応」のレッテルを貼られてしまう。学校へゆかない生徒とか、収入を全部自分で使って、家族に渡さない父親などは、その異常さを攻撃されるのである。

しかしながら、これらの外的に見えやすく、理解しやすい外界に対する適応の問題に対して、筆者は、自分の内界に対する適応の問題も無視できないと考えている。

内的適応などという考えを不思議に思うひとのために、一つの例を示す。筆者がアメリカに留学中、多くの日本人留学生と一緒になったが、そのなかで、日本人には珍しくアメリカ人のなかにとけ込んで生活しているひとがあった。風俗習慣の非常に異なるアメリカ社会のなかに入り込んでゆくことは、少なくとも筆者の留学した当時においては、日本人にとって真に困難なことであった。このため、一般の日本人留学生は、アメリカ人たちとのびのびと交際してゆくこの日本人を羨しく、ときにはねたましくさえ感じたものであった。ところが、このひとがある日、筆者のところに相談に現われ、原因不明の慢性下痢に悩んでいることを告げたのである。このひとはあまりに下痢がひどいので、アメリカの医師に診てもらったのである。ところが、いろいろ検査したあとで、この医師は、この下痢が神経性のものであることを告げ、そして親切にも、このひとに何か悩みがあるのではないかと尋ねてくれた。アメリカ人の医師は、日本からやって来た学生が、異国の社会に適応できなくて、神経性の下痢が生じたと推察したのである。ところが彼の予期にまったく反して、この日本人学生の「適応」は良好を極めていた。学校は面白い、アメリカ人の友人はたくさんある、先生には好かれている、ガールフレンドもある……。ともかく、この医師は「不適応」のサインをどこにも見出せずに困ってしまって、自分には今のところわからないが、ともかく問題は心理的なことだと思うので、専門の心理学者に相談するようにと忠告してくれたとのことであった。筆者が非常に驚いたことには、彼と非常に似た型の他の留学生が、あいついでやって来て、慢性の消化不良に悩んでいると打ち明けたことだった。さて、このひとたちの「不適応」の問題は、明らかに彼らのあまりにも良すぎる「外的適応」に根ざしていると思われた。今まではあまりに異なる外界、アメリカの文化に対して、性急に皮相的に適応しようとしすぎて、自分の内的な世界の重要さを忘れてしまっていたのではないか。彼らは外界を尊ぶあまり、自分を無視してしまっていたと思われる。

このことは、彼らが外的環境に適応しようとしすぎて、自分の内にあるこころとの接触を失いそうになったといえないだろうか。この例に示されるように、人間は外的適応を誤って神経症になるのみならず、内的適応をおろそかにしても、神経症に悩まねばならない。このような点に注目して、ユングは、われわれは外界に対してのみならず、内的世界に対しても適切な態度をとらねばならないとし、それらの元型として存在する根本態度を考え、外界に対するものをペルソナ、内界に対するものをアニマと呼んだ。ここにいうアニマが、ユングにとっては、こころと同義語である。つまり、元型として無意識内に存在する、自分自身の内的な心的過程に対処する様式、内的根本態度を「こころ」と考えるのである。元型としての「こころ」は、もちろん意識的に把握できないが、それが心像として現われたものを、われわれは把握することができる。それが、すなわち「こころの像」(soul-image)であり、夢のなかでは異性の像として人格化されることが多い。このように考えると、夢に現われた女性像を正確には、アニマの心像(あるいは、こころの像)というべきであるが、ユングは、これをもアニマと呼んでいる場合が多い。実際、こころと同義語のアニマという言葉をわざわざ用いるのは、この夢のなかの女性像をさしていう場合が多いからである。

ペルソナとアニマは相補的に働くものである。男性の場合であれば、そのペルソナは、いわゆる男らしいことが期待される。彼の外的態度は、力強く、論理的でなければならない。しかし彼の内的な態度は、これとまったく相補的であって、弱々しく、非論理的である。実際、われわれは非常に男性的な強い男が、内的には著しい弱さをもっていることを知ることがよくある。このように一般に望ましいと考えられる外的態度、ペルソナから締め出された面が、こころの性質となるのであり、これが心像として現われるときは、女性像として現われることになる。これが、女性の場合であると、女性に対して一般に期待される態度、やさしさとか柔順さなどがペルソナをかたちづくり、そのこころの像は男性像として人格化されて現われることとなる。この男性像をアニムス(正確にはアニムスの心像)と呼ぶのである。アニムスはアニマの男性型である(ラテン語で、たましい、精神を表わす)。このアニマ・アニムスはわれわれの心の内にあって、われわれの行動に大きい影響を及ぼす。それは、人間の意識的な態度に欠けている機能を全部含んでいるので、われわれのまったく「思いがけない」働きをすることになり、否定的にも肯定的にも大きい意味をもつのである。規則を守ること機械のような堅い兵卒に、「少しくらい、帰営がおくれたってかまわないじゃないの」とアニマはささやくかもしれない。あるいは、田舎で百姓をしている娘に対して、「お前は銃を取って、国防の第一線につかねばならない」とアニムスは命令する。これらのことは、彼らのペルソナからみれば不可能に思えるようなことであるが、その抗しがたい魅力や、圧倒的な力強さに押されて、それに従うこととなり、あるひとは転落の一途をたどり、他のひとは国民的英雄にさえなるのである。これらの、創造的にして、かつ危険性の高いアニマとアニムスの働きについては、次節に述べることにして、ここに、もう少しペルソナについて述べる。

ペルソナという言葉は、もともと古典劇において役者が用いた仮面のことである。ユングがこのような言葉を借りてきた意図は明らかであり、ペルソナとはわれわれが外界に対してつけている仮面であるともいうことができる。ペルソナは夢のなかでは人格化されて表現されることが少なく、一般に「衣服」など自分の身につけているもので表わされることが多い。適切なペルソナをもっていないという意味で、衆人のなかで裸体でいる夢をみたり、あるいは、まったく場違いの服装をしていることに示されたりする。ペルソナが人格化されることは少ないが、この場合は通常は同性の人間によって示されることが多い。次にペルソナの問題を示している夢の一例をあげる。これは、職業をもったある未婚の女性の夢である。

夢　私は数人の男と戦っていた。私は坐って、彼らを次々と、こうもり傘や棒きれでなぐりつけ、彼らはのびて順番に川に落ちてゆく。さて、最後の一人になって、もう降参しろといったが聞き入れない。そこで、私は今日でも明日でもいつでも相手になってやると立ち上がった。そのとたん、私は自分がまったく何も着ていないことに気がついて、恥ずかしさでとまどってしまう。私は坐りこんで、ともかく水泳着を着ることにしようといった。……われわれは、戦うために海水浴場に行ったようである。

これは、自分は坐ったままでいながら、男性たちを次々とノックアウトしていた女性が、最後の一人に対して、いつでも相手になってやると大見えを切って立ち上がったとたん、自分が裸でいることに気づいて、恥ずかしさで坐りこんでしまうところが、なかなか印象的である。人間はときにペルソナを取り去って、真の自分の姿を見せることや、それを自ら認識することは大切で、そのような意味において、裸の夢が肯定的な面を示しているときもあるが、この夢の場合は、むしろ適当なペルソナを欠いているといった意味の強い夢と思われる。この女性は実際に能力のある女性であるが、職場では対人関係がうまくゆかず困っていたひとである。この夢についての話し合いから明らかになったことは、いわなくてもよい本当のことを思わずいってしまって、上役からにらまれたり、仕事をやりすぎて同僚から嫌がられたりすることなどであった。うそをついたり、仕事を怠けたりして問題を起こすひともあるが、このように、本当のことを話したり、仕事に熱中しすぎて対人関係を悪化させるひともある。裸になるのはけっこうなのだが、時と場所によるわけである。このひとはともかく場違いの裸体に気づいて、せめて海水着でも着ようとするわけである。裸より少しはましというところである。

　衣服がペルソナを表わすことは、実際生活において、あまり自分の「こころ」を示すと危険な職業についているひとが制服を着ていることにも反映されている。軍人、警官、車掌など、これらのひとは、つねに人間のこころの問題にふれねばならないので、それに深入りする危険性を制服によって防衛しているということもできるだろう。しかしながら、防衛の手段としての制服は、しばしばそのひとの全身をおおってしまって、そのなかに生きた人間がいるのかどうかを疑いたくなるようなことも起こってくる。これが、ペルソナとの同一視の危険性である。ペルソナの形成に力を入れすぎ、それとの同一視が強くなると、ペルソナはそのひとの全人格をおおってしまって、もはやその硬さと強さを変えることができなくなり、個性的な生き方がむずかしくなる。いつか、マルセル・マルソーのパントマイムを見たとき、ある男がいろいろな面をかぶって喜んでいるうち、道化の面をかぶると取れなくなってしまって困る場面の演技があった。面を取ろうと苦労して、身体はもがき苦しむが、どんなに苦しんでも、ずっと顔のほうは道化の笑い顔で、この相反するものを表現してみせるところにマルソーの演技が輝きを見せる。これは、まさに硬化したペルソナの悲劇を演じているものと感じられたのだった。ペルソナが、このように一面的で硬化したものでなく、もっと上手に使い分けているひともある。実際に、われわれは、その場所の異なるに従い、外界から期待される役割も異なるわけであるから、それに従ってペルソナの種類も変えてゆかねばならないわけである。そして、このようなペルソナを発達させることを怠るひとは、とかく外界と摩擦を起こしやすく、他人の感情を害したり、自分の能力をスムースに発現しがたくすることが多い。ペルソナは自分の内的なものに根ざしながらも、外的なものに対する役割を演ずるために採用されたもので、社会のなかにスムースに生きてゆくためには必要なものである。

一人の男性が「男らしさ」を強調するペルソナをもつとき、それは内に存在する女らしさ、アニマによって平衡が与えられ、女性の場合は、その女らしさをアニムスによって補償される。しかし、これが相補的に働くよりも、極端な同一化の機制によって、むしろ破壊的に作用を及ぼすこともある。つねに強く、厳しい男性が、浅薄な同情心に動かされて失敗をしたり、いつも愛想のよい奥さんが、新聞に書いてあった偉い先生の意見を基にして、お客様に演説を始めたりするのも、このためである。こんなときに、われわれは、あのひとはまったく別人のようだといったりするが、これは、まさに男性の背後から一人の女性が、あるいは女性のなかから他の男性が出て来て行動しているかのような感じさえいだかせるのである。われわれは、このような危険性を防ぐためには、あくまでペルソナやアニマ・アニムスとの同一視をさけ、それらを分化して、よく認識してゆくように努めねばならない。ともすれば硬くなりがちなペルソナに柔軟性と躍動性を与える、無意識の奥深く存在するアニマとアニムスについて、節を分けて、もう少し詳しく追究してみよう。

す。

2 アニマ

男性の「こころ」の像は、夢のなかでは女性像をとって現われることが多い。次に、その典型的な夢を一つあげる。これは若い独身の男性の夢であるが、細かい点は省略して示す。

夢 私は誰かと海水浴にゆくところであった。行きたくはなかったが、私はどうしても行かねばならないことを知っていた。海岸では中学時代の先生が水泳を教えてくれた。ほかのひとたちが皆泳いでいるとき、私は一人離れて海岸にいた。すると突然、海底から裸の少女の体が浮き上がってきた。私はあわてて助け上げ人工呼吸をする。私は彼女のかすかな息を感じてほっとする。彼女のために暖かい着物を探すため帰宅するが、たくさんの衣類はどれも小さすぎてだめ、衣類を探しまわっているうちに目が覚める。

これは、危機状態にあった見知らぬ少女、アニマを救い出す典型的な夢である。この夢は分析を開始することを決めたすぐあとにみられたもので、初回夢(一六一頁参照)と呼ぶのにふさわしいものである。海水浴に行きたくはなかったが、行かねばならぬことを知っていたというところは、分析を始めるに当たって多くのひとが感じる両価的《アンビバレント》な気持がよく表わされている。ここにおける海は、まさに無意識そのものを示していて、水泳を学ぶ、すなわち無意識の世界に入り、それについて学ぶことが示されている。そこで、他のひとたちと離れて孤独になったとき、アニマは水死体に近い姿をとって現われ、このひとを驚かす。孤独はよかれあしかれ異常な体験を呼び起こす基となるようだ。伝説やおとぎ話の主人公たちも、森の中に迷い込んだり、両親にすてられたり、一人旅に出たりすることが、その異常な体験の発端となっている。さて、この場合も一人でグループから離れているとき、アニマが出現するが、それは真に危険な状態である。そこで、このひとは彼女を救い上げて人工呼吸をする。まさに、無意識の世界に沈み、彼との接触を断たれて死にかかっていた「こころ」を、再びよみがえらせて、接触を回復したものといえる。ここに人工呼吸のテーマが現われた点も興味深い。元来、ラテン語のアニマ・アニムスは共に、ギリシャ語のanemos(風)と同じ言葉であって、「こころ」あるいは「たましい」が「息《いき》」や「動く空気」の表象と深い関連を有しているからである(1)。人工呼吸によって彼女が息を吹き返したことは、真に喜ばしいが、最後の部分の少し不満足な結末は、前節に示したこころとペルソナの関係を如実に示している。つまり、このひとのもち合わせているペルソナ(衣服)は小さすぎて、そのアニマを包むのにふさわしくないことを明らかにしているのである。実際、この夢に示されるとおり、このひとは長い分析を通じて、そのアニマを獲得するために勇気のある努力を続け、また同時にそれにふさわしいペルソナを確立するために相当な困難と戦い抜いていったのである。

以上のような観点に立つと、一七八頁に示した妊娠中絶を思いとどまった夢も、危機状態にあったアニマとの接触の回復を意味するもの、あるいはアニマの誕生の夢ともいうことができる。アニマは男性の心のなかの抑圧されたもの劣等なものと結びつきやすく、多くの場合、その劣等機能と結合している。この夢の場合、思考型の男性として、感情機能がアニマと結びついており、アニマの誕生はすなわち、このひとの劣等機能の感情が開発されてゆくことをも示している。その点は、この男性にとって不得意な音楽が夢に生じ、「笛を吹く」という感情の表現がなされ、その笛を吹くひとと自分とを同一視しかかっていることにも示されている。このように、アニマは必ずしも女性像として表わされるとはかぎらず、この場合、アニマの感情とでも呼びたいものが、笛の音によって表わされているというべきであろう。あるいは、アニマが動物の姿をとる場合もあり、その典型的なものとして「白鳥の乙女」をあげることができるだろう。いわゆる白鳥の乙女(swan maiden)のお話は全世界に分布しており、[2] それがどこまでが話の伝播によるものか、その国古来のものかを見分けることすらむずかしくなっているが、このような似た話が全世界のひとの心を打って、語りつがれている事実は、アニマの像が人類共通の普遍的無意識に根ざしていることを示しているものと考えられる。白鳥の乙女の物語は、アニマのもつ抗しがたい魅力と、そのとらえがたさを生き生きとわれわれに伝えてくれる。

男性の心のなかにあるこの「永遠の女性」は、外界に投影されることによって、その性質の一端をわれわれに示す。実際、男性たるものは自分を取りまく女性のなかにそれを見る(あるいは、見たように感じる)のである。すべてのひとの反対にあって苦しんでいる男性に向かって、「私は信じています」との一言で勇気を与え、この男性の大きい創造力の源泉となる女性もあれば、成功の絶頂にある男性に対して、ちょっと片目をつぶってみせるだけで彼を奈落に陥れることができるのも女性である。古来から、多くの芸術家が、そのペンや絵筆によって、この永遠の女性を描き続けてきたし、現在もなおその努力は続けられているのである。そして、われわれはそのような高尚な芸術に頼らなくとも、四十歳をすぎてから「女狂い」を始めて自分をも家族をも苦しめている男を、自分の周囲にすぐに見出すことができる。ユングは人生の後半の重要性をよく強調する。人生の前半が昇る太陽のようであるとするならば、四十歳を過ぎてからの後半の人生には、われわれは傾き沈んでゆくことに人生の意義を見出さねばならない。この時期になって、今までの価値概念が急激に変化するのを感じたり、生きてゆくことの意義を見失ったように感じて悩むひとも多い。地位や財産や名声を求めて、外へ外へと向かっていたひとが、このときになって今までと異なる内的な世界に気づき始める。そして、この内界にある「こころ」は外界の女性にと投影され、四十代の恋が始まる。このようなことは、このような点を考慮しないひとにとっては、その恋人が「あまりにも意外な」タイプであることに驚くかもしれない。堅いひとで通っていた学者が娼婦型の女性に心を奪われたり、ドン・ファンとして知られた男性が、ただ一人の清純な少女に変わらぬ愛を誓ったりする。これらはむしろ当然のことであり、慧眼なひとであれば、その一見愚かしく見える恋のなかに、その男性が開発させてゆくべき可能性の輝きをさえ読み取ることができるだろう。実際そのような女性に自分を縛りつけようとする自分の心のなかの因子、アニマの存在に気づき、それと対決してゆこうとすることによって、このひとはますます自分を豊かにし、統合性の高い人格へと発展してゆくことができるのである。

アニマが分析を通じて追究されるとき、それは一つの発展の過程をたどるように思われる。まず最初はアニマというよりは母親の像が現われる。実際、母親は各人のもつアニマ像の母胎となるものであって、母親のもつ暖かさや甘さ、それといつまでも子どもを自分のものとして独占したい烈しい力とは、アニマの性質にも受けつがれている。母親の甘さと呑み込む性質(devouring quality)のゆえに、いつまでも母親に抱かれていて、アニマの発展が制止させられているひとも多い。このような段階にとどまっている男性は同性愛や、浅薄なドン・ファン型に陥ることも多い。すべてのドン・ファンがそうであるとはいいがたいが、異性のなかに母なる愛を求めようとして、その満足が得られないまま、次々と相手を変えてゆかねばならないのである。心理的には母親の胸に抱かれていながら、多くの女性を征服したと錯覚を起こしている男性もある。次に、母親とアニマ像との移行段階として、母親代理の心像が現われる。「いつもやさしくしてくれた近所の小母さん」や、初めて訪ねていった親類で出会った年上の従姉。姉さんのようでもあるし、お母さんのようでもあるし、そのやさしい感じの底に、何かいい表わしがたい心の揺れを感じる。それは母親の像の延長のように見えながら、自分の「家」の外にある魅力としての意義をもっている。これは必ずしも母親らしいひとと限定しなくとも、少なくとも自分の家(あるいは母)以外のところに、自分の心を揺するものが存在することを経験することであって、将来の母親からの独立への一つの準備となるものである。さて、この段階を経て、アニマが登場するが、これをユングは四段階に分けて、第一段階を生物学的な段階、次にロマンチックな段階、そして、霊的(spiritual)な段階、最後のは叡智(wisdom)の段階としている。

初めの生物学的な段階は、ともかく女であること、子どもを産み出すことができるということが大切である。とくに、その性の面が強調され、母親からの分離を明らかにするものとして、娼婦のイメージが現われる。いかに道徳的なひとでも、分析のある段階では、このような娼婦型の女性像が夢に現われて驚かされるものであるが、ともかく、ものを生み出してゆく土の存在をここにおいて経験し、受け入れさせられるのである。この段階に達した男性は、前の段階にとどまっている「坊ちゃん」たちを嘲笑したり、セックスの話をして驚かしたりして喜ぶものであるが、この段階では、性について知っていても女性については知っていないともいえるだろう。そして、この次の段階として、ロマンチックなアニマが登場する。さきの段階では女でさえあれば誰でもよかったが、この段階では一人の女性に対する愛が生じてくる。ここでは、女性を人格として認め、それに対する選択ときびしい決断が必要となる。ロマンチックアニマという場合、これを母親代理の女性に対する甘い心の揺れと混同しないようにしていただきたい。というのは、一般には、そのような感情をロマンチックという表現で表わすことが多いからである。それはむしろ、センチメンタルとでもいうべきで、娼婦型のアニマに取りつかれた男たちの嘲笑を買うだけの値打ちのあるものである。さて、ここで述べているロマンチックアニマは、まさに西洋の文学が多大の努力を払って描き続けたものであり、古来の日本においてはあまり発達させられていなかったものといえるだろう。昔の日本においては、「家」を守るためにアニマの開発は極力おさえられてきて、その代わりに、娼婦は美的洗練を受けて、感覚的な美しさをアニマ像のなかに追究してきたとも考えられる(江戸時代の芸妓)。「家」を第一とするために、女性は家の跡継ぎを産み出す「土」としての役割にとどめておき、その人格を認めようとせず、さりとて、そのような段階のアニマに満足できぬ男性は、「家」とは別世界のところで美的アニマを開発させることとなった。男性は、妻の人格を認めないが、その代償として、妻の座を認めることとなったが、このことは、「土」としての女性の強さが全家族のなかに及ぶことになり、多くの日本の男性が永久に土なる母から逃れられないこととなった。近代になって、西洋の文化に接したわれわれ日本人は、このロマンチックアニマにその文学をとおして接し、強い憧れの気持を抱かされたのである。しかし、実際的に、この段階にまでアニマを開発させている日本人は、現在においても、非常に少ないように思われる。日本で一般にフェミニストとか、ロマンチストなどと呼ばれている男性は、むしろさきに述べた母親像からアニマへの移行段階の母親代理の心像の段階にとどまっていて、「娼婦型」のアニマと対決することをさけているひとが多いように思われる。それは、これらのひとに感じられる「芯の弱い」感じと対応しているようである。

アニマの第三の段階は霊的な段階で、聖母マリアによって典型的に示される。ここにおいては、セックスは聖なる愛へと高められているということができる。これは母でありながら、同時に処女であり、母親としての至高の愛と、乙女の限りなき清らかさを共存せしめている。この段階に続くものとして叡智のアニマがある。実のところ、最も聖なる、そして最も清らかな第三の段階のアニマの上に、この叡智が存在するのは不思議にさえ思われる。これは、たぶん、「ときとして、たらないものは過ぎたるものにまさるという真実によるものであろう」(3)とユングは述べている。この段階のアニマの像としては、ゼウスの頭から鎧に身を固めて生まれ出てきたというギリシャの女神アテネがあげられる。兜につつまれた女神アテネの顔は、男性のような冷たさと輝きをさえもち、不思議な深い知恵をわれわれに感じさせる。しかしながら、この段階のアニマ像としてわざわざギリシャの女神をあげなくとも、わが国の有名な中宮寺の弥勒菩薩像があげられると筆者は考える。この像に母の慈悲を感じるひとも多いことだろう。しかしそれは聖母マリアの示す愛と異なると誰も感じることだろう。そしてまた、この姿に不可思議な魅力を感じるひとも、これをヴィーナスと比べようとは思うまい。限りないやさしさと魅力を秘めながらも、われわれの心を打つものは、やはりこの像のもつ深い知恵のように筆者には思われる。実際、わが国における菩薩像のなかに、この段階のアニマの表現を見出すことが多いと思われる。

そして、多くの観音菩薩が男性のようでもあれば女性のようでもある(むしろ女性的と思われる)点は、前述したアテネが女神でありながら甲冑を身につけている点と相呼応するものである。なお、中宮寺の菩薩にモナ・リザの微笑を思い浮かべたひともあるが、モナ・リザも、西洋における、この段階のアニマ像の表現の一つと考えられる。もちろん、モナ・リザとアテネと、弥勒菩薩とでは、前述したような共通点をもちながらも、そのポイントが少しずつ異なっていることも事実である。第三段階として述べた聖母マリアのようなイメージがわが国ではほとんど発展させられていないのにもかかわらず、第四段階のイメージは、むしろ西洋よりも日本のほうに豊富ではないかとさえ思われる。

以上の四段階はユングが思弁的に作り出したものではなく、多くの男性の分析の結果として経験的に生じてきたものである。アニマの像はまったく複雑怪奇なものであり、前述のように簡単に分類してしまうことにさえ抵抗を感じるものであるが、実際に夢分析を行なった場合、前述のような段階を通じてアニマ像が発展せしめられるものであり、どれかの段階を飛び越して、発展させることが困難なことを指摘した点に、ユングの功績があると考えられる。そして、この四段階を経た後に、アニマはもはや人間像をとって表現されることなく、一つの機能(function)として、われわれの自我を、その心の真の中心としての自己(次章参照)に関係づける働きをするものとなる、とユングはいう。まさにアニマは関係(relationship)のための機能となるのである。このアニマを通じて、われわれが、自分の心の内に関係を求めてゆく自己とは何であるのか、ということになるが、これは次章で述べることとして、アニマについてもう少し補足的な説明を加えておきたい。

実際においてアニマを意識内に統合してゆこうとの試みは、ある意味では男性にその弱さの開発を強いるものであり、真に困難なことである。どれほど強がりをいっており、あるいは実際に強いひとでも、いざ恋愛となると弱くなったり、愚かになったりすることにも示されるように、実際、アニマは男性に弱さを経験を通じて教えてくれる。そして、このような弱さの内的経験を通じてこそ、男性はほかのひととの真の関係を打ち立てることができるのである。強いばかりの男性は支配し、命令することはできても、他人と深い対等の交わりを結ぶことはできない。心理療法家となるひとは、必ずアニマの問題に直面しなければならぬのも、このゆえである。しかしながら、アニマと対決し統合してゆくことと、アニマと同一化することとは区別しなければならない。アニマとの同一化が行われると、その男性はいわゆる女々しい男となったり、むやみに感情的になったりする。あるいは甘い感傷的な考えに陥って、現実との対決をさけたりする。カウンセラーといわれる男性のなかに、女らしい感じや甘い感じの強いひとがあるが、これらのひとはアニマとの同一化の危険におかされているというべきであろう。

一般には、男性としての強さや判断力などがまず期待されるので、このような外的な期待にそえるペルソナを作り上げることが大切であり、このようなペルソナを人生の前半において築いた後に、アニマの問題との対決は人生の後半(三十五—四十歳以後)になされるのが普通であるとユングはいっている。確かに、外界に対する適当なペルソナをもたないで、内界におけるアニマとの対決をなそうとするときは、腹背に敵を受けて真に危険な状態に陥るものである。ただ、例外として、芸術家、宗教家や、前述したように心理療法家なども、若いときからアニマの問題と取り組まねばならぬ宿命を背負った特殊なひとであると思われる。

アニマは女性に対して投影されることが多いが、必ずしもそうとはかぎらず、何かの物事や、物体がその役割を果たしている場合もある。その典型的な例としては、アメリカにおいては自動車がアニマ的な役割をもっているように思われる。男性は競って素晴らしい自動車を買い、それを世話し(彼らはまさに自動車を世話し、愛撫さえしている)、それについて友人たちと話し合いをする。考えてみると、男性化したアメリカの女性に比べると、自動車のほうがはるかにアニマらしいともいえるが、近代の合理主義の産物に、非合理な感情の投影をしなければならぬのも気の毒な感じを抱かせる。アメリカ文化はいち早く吸収するわが国において、この自動車のアニマ化はどの程度進んでいるのだろうか。

今まで述べてきたアニマに関する四段階の発展過程、および、ペルソナとアニマの関係などはユングが夢分析の結果から経験的に述べたものであるが、これを、このまま日本人にあてはめることができるかどうかは、大きい問題である。これは日本人の心性に深くかかわるものとして、今後とも考察を続けるべきことと思われる。ともかく、ここでアニマについての考察を打ち切り、次節においては、女性の場合の「こころ」、アニムスについて考えてゆきたい。

3 アニムス

女性の場合は、そのいわゆる女らしい外的根本態度に対して、無意識内には劣等な論理性や強さが集積されている。それが夢においてイメージとなるときは人格化されて男性像をとることが多い。それがアニムスの心像(たんにアニムスといってしまうことがあるのは、アニマの場合と同様)である。女性の内界に存在するこの男性、アニムスは、例外を許さぬ頑固な意見として外に表われてくることが多い。ユングはアニムスは意見(opinion)を形成し、アニマはムードをかもし出すといっているが、実際、世に恐ろしいものは女性の意見と男性のムードである。これらはどちらも不可解な根強さをもっているのが特徴である。アニムスに取りつかれた女性は、「……すべきである」と意見を述べる。これは一般原理としては正しいが、その個々の実際場面には適していないときが多いので、この頑固な意見に出会うと、男性は俄然、感情的になってきて、感情的な反対論を述べたてる。しかし、これはいつまでたっても交わらぬ平行線であって、ほとんどの場合時間が解決を与えてくれるのみである。アニムスは、女性がそれと同一化するときは、このような否定的な面をもつが、もちろん、肯定的な面ももっている。それについて、もう少し詳しく述べてみよう。

　アニマの発展の段階が四段階であったように、アニムスも四段階に分けて考えることができる。これをエンマ・ユング(ユング夫人)は、(1)力、(2)行為、(3)言葉、(4)意味、の四段階に分けている[4]。これは、ゲーテの『ファウスト』のなかにおいて、ファウスト博士が、新約聖書のギリシャ語を独訳しようと試みて、「はじめにLogosありき」のLogosを、言葉(das Wort)、意味(der Sinn)、力(die Kraft)、そして行為(die Tat)としてみるところから取ったものである。実際、アニマがエロスの原理を強調するものであるのに対して、アニムスはロゴスの原理を強調するものということができる。さて、力として最初にあげた段階は、男性の力強さ、とくに肉体的な強さを示すもので、スポーツ選手などのイメージとして表わされる。これはアニマの第一段階に対応して、「低いアニムス」とでもいうべきであろう。次の行為の段階は、初めの段階とそれほど明瞭には区別しがたいが、強い意志に支えられた勇ましい行為の担い手としての男性像によって表わされる。ヘミングウェーが、このような意味合いをもって、女子学生の憧れの対象となったりする。

　男性の場合、アニマの問題が退行した状態で生じるときは、エロチックな空想として現われることが多いが、女性の場合は、そのようなエロチックな空想として現われることは少なく、むしろ、頼もしい男性の出現による未来の人生の設計などという、願望に満ちた考え(多分に空想的であるが、本人にとっては、一つの考えである)として生じてくる。そして、この素晴らしい考えによって、「女性も職業をもつべきである」とか、「自分の夫は一流大学出身でなければならない」とか、動かしがたい意見が形成される。このように願望に満ちた考えが強くなると、それとの比較によって、外界のあらゆるものは無価値に見えたり、つまらなくなったりしてくる。何に対しても浅薄な批判を加えているうちに、それがついには自分に向けられるようになり、自分を極端につまらなく感じたり、女であることを卑下したり、あるいは、過ぎ去ったことのみ取り上げて、「大学へ行っておくべきだった」、「あのひとと結婚しておくのだったのに」とくり返すことになる。アニムスに取りつかれた女性のこのような特徴は、グリム童話の「つぐみひげの王様」の王女の態度として、非常に生き生きと描かれている。たくさんの求婚者にあだ名をつけて笑いものにしておきながら、そのあとで王女は何度も、「ああ、つぐみひげの王様と結婚しておけばよかったのに」とくり返さねばならないのである(5)。アニムスは、このように破壊的な作用をのみ生じるとはかぎらない。女性のなかにある願望に満ちた考えは、だれも気がつかぬ可能性を引き出したり、新しく提出された考えに対して偏見をもたずにいち早く同意したりすることによって、建設的な役割を果たす。男性がその硬い思考の枠組みにとらえられて、新しい傾向を排斥しようとするとき、その意義を認めて革新的な行動に加担する女性が現われ、改革の陰の推進者となることも多い。周囲からつけ狙われている志士をかくまって、雄々しくふるまった女性などは、この一つの例ということができる。

アニムスが現在の女性にとって大きい意義をもつのは、言葉・意味の段階として示される知的なロゴスの原理においてであろう。現在の合理的、客観的な思考法を尊重する時代精神に支えられて、女性はつねに、このような意味でのアニムスの問題と取り組まねばならない。アニマの特性が他人との協和であるのに対して、アニムスの特性は、その鋭い切断の能力にある。差を明確にし、正誤の判断を下す能力は、快刀乱麻を断つのにも比すことができようが、一四四頁に示した夢のように、アニムスの剣の恐ろしさにも注意しなければならない。さもないと、近代女性はアニムスの剣によって、男性と太刀打ちしているように見えながら、その実は自分の女の命(femininity)を切りきざむ作業に熱中することになる。そしてアニムスの剣は、結局のところ借りものでしかないので、その強烈な意見の背後に、父上の教訓や新聞の文化欄の記事などを捜し出せることもまれではない(一四六頁の幽霊協会の夢における新聞に関する論議を参照されたい)。実際、自分の女らしさを殺し、新聞の意見で身を固めた女性ほど、男性に敬遠されるものはあるまい。しかしながら、女性が自分の自己実現の道を歩もうとするかぎり、このアニムスを生きてみて、統合してゆく困難な道を選択してゆかねばならない。

そして、この道はつねに、女としての命を失う危険性と、男性からの強烈な反対によって著しい困難を伴う。相手の男性が太母《グレートマザー》の懐にまだ眠っている場合は、この傾向はまさに著しいものとなる。女性の独立の動きは、この男性の安楽な眠りをおびやかすからである。このような困難な道を避けて、女性的な仕事のなかにアニムス的な要素を織り込むことによって満足を見出そうとしている女性もある。育児や家事を能率的に、合理的に処理してゆくことのなかに満足を見出してゆくのである。しかし、このような仕事の能率を上げることや、産児制限の普及などによって、家庭の主婦は多くのエネルギーの剰余を得、これの消費法に困ってしまうわけである。このエネルギーが少し横道にそれ、低いアニムスと結合すると、この女性は性的冒険を求めて行動することとなる。一般の女性にとって、セックスのみを切り離して楽しみや興味の対象とすることは少ないが、この種の女性は、男性と同じく(実際それはアニムスの働きによるものだが)、セックスのみを追い求めて行動することとなる。ドン・ファンが母親からの独立を求めてのあがきであると前に述べたが、これらの女性の性的冒険やよろめきも、自己実現の道を求めてのみじめな努力ともいうことができる。これらの男女は不思議な嗅覚によって相呼び合って、行動を共にするが、肉体の結合とこころの分離とを味わうのにすぎないことも多い。

一般の主婦は、このような素晴らしい冒険は実行してみずに、せいぜいテレビ映画の鑑賞の範囲にとどめておき、余ったエネルギーはもっぱら子どもへと注がれることになる。現在の夫にアニムスの像を見出せぬ嘆き、「ああ、つぐみひげの王様と結婚するべきであった」というアニムスの嘆きは、子どもへの期待へと変わってゆく。願望にいろどられた考えはすべて子どもへと投影され、子どもは母親のアニムスを生きねばならぬこととなる。子どもはやさしい口づけで、百年にわたる女性の眠りを覚ます美しい王子であることが期待され、あるいは、名演奏によって万雷の拍手を浴びる少年音楽家となることが要請される。アニムスの発展を一途に願う母親に、科学的な育児法や、合理的な教育法などという適切な武器を供給する親切な男性も多いので、ここに悪名の高い「教育ママ」が誕生する。しかし、自分の妻の教育ママぶりに困惑したり、冷笑したりしている男性が、多くの場合いまだ「母ちゃん」のひざに乗っている男性として、女性のアニムスの正しい発展の道をわれわれが内的な世界にまで視野を広げて物事を見るときは、夫婦のうちどちらか一方だけが悪く、一方がよいなどという場合は、非常に少ないように思われる。

人間の幸福ということを単純に考えるならば、女性としてはアニムスの問題などに気づかぬほうが、はるかに幸福といえるだろう。このことは多くの神話やおとぎ話に示される主題であるが、その一例としてギリシャ神話のクピド(エロス)とプシケの物語をあげることができる。美しい娘プシケはクピドに愛され結婚するが、夫のクピドは夜にだけやって来て朝にはいなくなってしまう。そして、プシケに自分の姿をけっして見てはならないといいわたす。初めのうちは幸福にすごしていたプシケも、とうとう好奇心や疑いの気持に勝つことができずに、ある晩に灯りを取り出してクピドの姿を見てしまう。それと気づいたクピドは怒ってとび出してゆき、ここからプシケの苦難の道が始まる。幾多の困難にあいながら、とうとうプシケは再びクピドと結ばれるが、その話は略するとして、ここにプシケが夫の姿を見ることを禁じられていた点に注目したい。つまり、美しい娘プシケは、そのアニムスを見ようとしないかぎり、すなわち、アニムスの問題を意識せずにいるかぎり、幸福な結婚生活を続けてゆくことができるのである。しかし、彼女の好奇心と疑いの心が、それを許さなかった。彼女の内に、何かそのような単純な幸福にあきたらぬものが生じたのである。この点は、あらゆる女性にとって選択をせまられる転機である。クピドがプシケに自分の姿を見ることを禁じたように、一般の男性は、女性がアニムスに目覚めることを好まない。実際、女性のなかにはアニムスにまったく気づかなかったり、完全に抑圧したりしているひとがあり、これらの女性は個性がないという点において、男性のアニマの投影を受けるのに最適であり、この意味において多くの男性から愛されたり、ちやほやされたりする。このような女性は、ほかの女性から見れば、個性がなくて頼りない、どこがいいのかわからぬ女性に見え、それが男性の間に人気が高いのが不可解に思えるものである。同性から見るとつまらないひとが異性にもてたりする秘密は、このような点にも存在している。

しかしながら、アニムスにいったん気づいた女性は、いまさらそれをやめることはできない。プシケの長い苦難の道と幸福な結末が示しているように、一度歩み始めた道は、いかに苦しくても歩ききって、アニムスの発展の道をたどり、それを意識のなかに統合してゆかねばならぬ。そのような苦しい努力を経て、アニムスは高い意味をもつこととなり、自分の女らしさを失うことなく、その女らしさを先導するアニムスによって、女性の自我はより高い統合性をもった自己と結ばれてゆくのである。現在の日本では、一方ではアニムスの問題に直面せざるをえない状況にある女性もあれば、他方では、アニムスとまったく無関係な幸福な生活をおくっている女性もある。アニムスの発展の道をたどる意義をさきに述べたが、それがあまりに苦難に満ちたものであることを思うと、アニムスに対して目を閉じている女性を無暗に起こそうとする気はしない。ただ、自ら目を開いたひとに対しては、必要なときには助力をつくすべきと思われる。

　古来からアニマを描いた文学は多くあるが、アニムスを描いたものは少ない。多くの男性が「永遠の女性」を求めて、その像を把握しようとしたのは、よく了解できるが、これに対して、女流文学者はアニムスを描くことに専念したであろうか。これは一つには、男性どもがアニマを記述することに専念しすぎるので、「現実の女性」はそのようなものではないと、女流文学者は反発心も手伝って、現実の女性を描くことに力を入れたとも解釈できる。ところで、ユングはしばしば、アニムスの像がとらえにくいことを述べ、「私は、女性がアニムスの人格について、はっきりした報告ができるような例は見たことがない」[6]とさえいっている。これは、夢における心像において、アニマはしばしば一人の女性として現われる(たとえば二〇五頁の夢や、二二四頁の夢など)のに対して、アニムスは、よく二人、三人または数人の男性として生じる点(一四四頁、あるいは二二〇頁の夢参照)をユングは指摘して、女性のアニムスは複数の人格によって成り立っているのではないか、したがって、それを一つの人格として描き出すことができないのであろうといっている。この点について、ユング夫人は次のように述べている。[7] 女性は古来から母としての役割が非常に大切であり、人生のほとんどを「母」として生きるようにされてきた。これに対して、男性は「父」としての役割のみならず、多くの職業において複雑な生き方を経験してきた。この点から見ると、男性にとって「母」の像は非常に重要であり、すべての女性像はある程度、この母の像を母胎としてでき上がっている。このためアニマ像は比較的単一的で、すべての男性にとって共通点も多くなってくる。これに対して、女性のもつアニムス像は、父の像が大切なものではあるが、男性に対する母の像ほどではなく、アニムスは多くの男性像(それも種々雑多である)の影響を受けるので、単一なものとなりにくいというのである。なかなか興味の深い説である。

さて、今まで述べてきたように、アニマとアニムスは、人間関係のなかに入りこんできて、その関係をいっそう複雑なものにする。一組の男女の関係はアニマ・アニムスを入れて、四人の関係であるといいたいくらいである。それに、男性がアニマと同一化すると、女々しい男として馬鹿にされようし、女性がアニムスにつかれると、女らしさを失ったものとして非難される。しかし、一度この問題に気づいたものとしては、われわれは、ある程度の同一化の危険をおかしてさえも、自分の内部にあるアニマ・アニムスを統合することに努めねばならない。この苦しいまわり道を通じて、一人の女性あるいは男性として、そのなかに強さ、弱さを含みながら、より豊かな人間として自分の個性を生きてゆく道を見出すべきである。この点において、もはやアニマもアニムスも、人間の男らしさ、女らしさをおびやかすものではなく、高い意味をもった機能としての働きをするものとなったということができる。このように生きてゆく過程を、ユングは個性化の過程と呼んでいるが、それについて次章において、詳しく考えてみよう。

注

（1） Jung, C. G., Basic Postulates of Analytical Psychology, C. W. 8, p. 345. 江野専次郎訳「現代心理学の根本問題」『こころの構造』ユング著作集3所収、日本教文社、一九七〇年、一六頁。

（2） Jung, Emma, "Animus and Anima," The Analytical Psychology Club of New York, 1957, 笠原嘉・吉本千鶴子訳『内なる異性：アニムスとアニマ』海鳴社、一九七六年に白鳥の乙女の物語がいろいろ紹介されている。

（3） Jung, C. G., Psychology of the Transference, C. W. 16, p. 174. 林道義・磯上恵子訳『転移の心理学』みすず書房、一九九四年、一六―一七頁。

（4） Jung, Emma, *op. cit.*, p. 3. 前掲注(2)書、八―九頁。

（5） グリム童話のなかでも一般によく知られている「蛙の王様」、「いばら姫」(眠りの森の美女)、それに、この「つぐみひげの王様」などは、女性の自己実現の問題(したがってアニムス)について示唆するところの大きいものである。

(6) Jung, C. G., Mind and Earth, C. W. 10, p. 41. 高橋義孝・江野専次郎訳「心と大地」『現代人のたましい』ユング著作集2所収、日本教文社、一九七〇年、一四七頁。

(7) Jung, Emma, *op. cit.*, p. 28. 前掲注(2)書、四二頁。

第七章　自　己

すでに第一章において指摘しておいたように、ユングは早くから意識と無意識の相補性に注目し、心の全体性(psychic totality)について強い関心をもちつづけてきた。その考えを最も端的に示すのが、彼による自己《セルフ》(self, Selbst)の概念である。実際、これはユングの心理学の核心をなすものといってよく、彼はその生涯をかけて、この問題と取り組んだといっても過言ではない。自己《セルフ》の概念はユング自らも述べているように(1)、東洋の思想との結びつきが濃い。東洋と西洋の思想の橋渡しとして、このユングの考えが大きい役割を果たすものと思われる。そして西洋の学問を東洋に移そうと努力しているもの、あるいは東洋の思想を西洋に伝えようとするひとにとっては、見逃すことのできない重要な意味をもつものである。まず、自己の問題と密接に関連している個性化の過程について説明する。

1　個性化の過程

今まで、人間のタイプや、ペルソナ、アニマ・アニムス等について述べてきたが、これらの間につねに相補的な関係が存在していることに気づかれたことと思う。たとえば、内向と外向、思考と感情、ペルソナとアニマ(アニムス)等は互いに他と対極をなし、相補的な性格をもっている。人間の心がこれらの対極の間のダイナミズムに支えられて、一つの全体性・統合性をもっていることは、ユングがつねに注目してきたところである。もっとも、われわれの意識も自我(ego)を中心として、ある程度の安定性をもち、統合性をもっている(四二頁参照)。そして、このためにこそ、われわれは一個の人格として他人に認められているわけである。しかしながら、その安定した状態に人間の自我はとどまることなく、その安定性を崩してさえ、より高次の統合性へと志向する傾向が、人間の心のなかに認められる。そのような心の動きを非常に典型的に示した例が、第四章にあげた幼稚園児の絵である。つまり、この例において最も印象的なことは、かたつむりが家にせっかく安住しているのに、その両者を引きさくような動きが生じてくることである。考えてみると、家の中に楽しく安住しているのだから、そのままの状態が続くといちばんよさそうだが、その安定を崩す動きが内的に生じてきて、それを起点として、高い段階の統合性へと向かうことになる。その間の努力はすでに説明したように、この子どもの続いて描いた絵に反映されている。この例に示されているように、個人に内在する可能性を実現し、その自我を高次の全体性へと志向せしめる努力の過程を、ユングは個性化の過程(individuation process)、あるいは自己実現(self-realization)の過程と呼び、人生の究極の目的と考えた。そして、われわれが心理療法において目的とするところも、結局はこのことにほかならないのである。

さきの幼稚園児の例でも明らかなように、われわれの意識の状態が一つの安定したものであっても、それを突き破り、そして結局は高次の統合性へと導く過程が、われわれの心のなかに生じてくる。この際、そのような働きを、もはや意識の中心としての自我に帰することはできない。つまり、意識の状態は一応安定しており、なんら自我の力によって変更する必要が認められないからである。この例の場合では、実際には、ほかの男の子たちに生意気だといじめられるような危険をおかしてさえ、高い次元の統合性に向かう働きが生じたのであるが、その意識を超えた働きの中心として、ユングは自己なるものを考えたのである。自我が意識の中心であるのに対して、自己は意識と無意識とを含んだ心の全体性の中心であると考えた。自己は意識と無意識の統合の機能の中心であり、そのほか、人間の心に存在する対立的な要素、男性的なものと、女性的なもの、思考と感情などを統合する中心とも考えられる。ユングが、このような考えを相当明確にしたのは、一九二一年の『人間のタイプ』の出版においてであるが、その考えの萌芽はすでに一九〇二年に発表された彼の博士論文においても認めることができる。(2) すなわち、この論文で二重人格として生じるものは、新しい人格の発展の可能性が何らかの特殊な困難性のために妨害され、その結果、意識の障害として現われたものであると述べている。二重人格や夢中遊行の行動のなかに、このような目的をもった意義(teleological significances)を見出そうとしたのである。

この時代には、二重人格、夢中遊行などの意識障害の現象が、臨床的な興味をもって探究されたのであるが、これらの現象を説明しようとして、無意識の心的過程の存在を認めようとしたことは、フロイトにもユングにも共通な点である。しかし、フロイトがこれらの現象を無意識内の性的な動因に還元しようと努めたのに対して、ユングが心の全体性という考えによって、

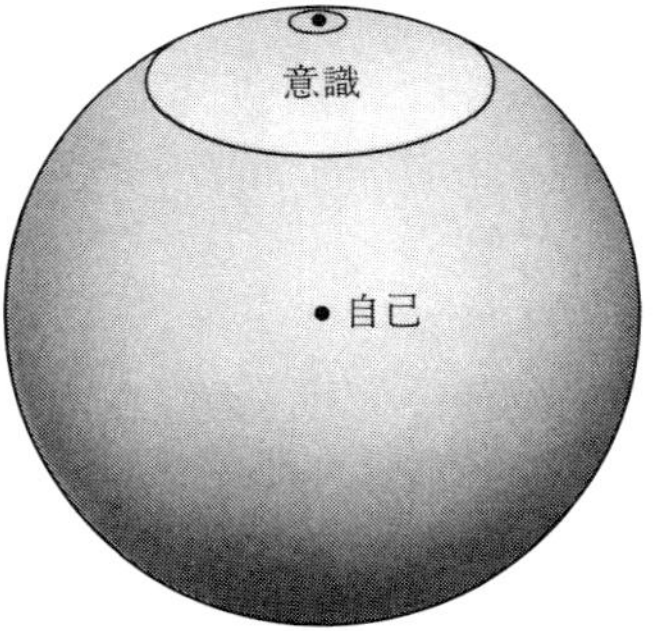

図 14

目的論的な観点を導入したことは、両者の明らかな相違を示すものである。筆者に治療を受けに来た同性愛と夢中遊行に悩むスイスのある男子の高校生が、その同性愛の対象となっている学生のことを話しているうち、「ああ、結局、彼は私です。私の心のなかでこうあって欲しい、こうあって欲しかったと思っている私の姿、それが彼なのです」と叫び出すように話したことがある。同性愛に悩み、その相手に夜中に夢中遊行して会いにゆくなどは、まったく異常なことである。しかし、この異常なことを病理的な面でのみとらえずに、この行動のなかに、彼の生きることを願い、そうありたいと願っている心の働き、つまり、そのような異常な行動をとってさえ、自分の人格のなかに欠けたものを取り入れ統合しようとの試みがなされていることを読み取ることが大切であると考えられる。実際、ユングの自己の考えを把握することによって、われわれは一見病的、あるいは異常と見える行動のなかに、高次の統合性へと志向する心の働きを見出すことができ、それゆえにこそ、心理療法という仕事に大きい意義を見出すことができるのである。それは、一人の高校生が同性愛という異常な行為を消滅させる仕事に参加するというよりは、一人の高校生が自分の心のなかに潜んでいる可能性を見出し、それを自我のなかに統合してゆく過程を共にする仕事として、受けとめられるのである。このように考えると、同性愛という現象事態が、この高校生の自己実現をうながすための一つの起点としてさえ感じ取られるのである。

以上のようにユングは、二重人格などの異常行動のなかに、意識と無意識の相補的な働きを見出し、心のもつ全体性の確信を強くしたのであるが、これは彼が東洋の思想にふれることになって、ますます明確なかたちをとることになる。彼はそれを一九二九年に発行されたリヒャルト・ヴィルヘルムの『太乙金華宗旨』の独訳に対する解説のなかに明らかにしている。(3)中国における「道」の考えが、相対立する陰と陽の相互作用と、その対立を包含するものとして把握されている点に、ユングは大きい示唆を受けたものと思われる。彼は、ここで、われわれが意識の世界のみを重んじることなく、無意識も大切なものであることを知り、この両者の相補的な働きに注意するときは、われわれ全人格の中心はもはや自我ではなく、自己であることを悟るであろう、と述べている。(4)自我はあくまで意識の中心であり、意識も無意識も含めた全体の中心として自己が浮かび上がってくるのである。これを彼はまた、「自己は心の全体性であり、また同時にその中心である。これは自我と一致するものでなく、大きい円が小さい円を含むように、自我を包含する」とも述べている。(5)さて、このような偉大な自己を経験することは大きい危険が伴う。アニマ・アニムスについても、その肯定的な面と否定的な面との両面が存在することを述べたが、自己も、暗い面をもっている。それは、その偉大さのなかに自我が呑み込まれて、その居場所を見失ったような状態とでもいえようか。つまり、心の全体性のほうが無意識のなかに沈んでしまい、無意識の特性である時間と空間の相対性や、部分と全体が等しくなったりするような傾向が意識内に出現してくる。これが端的に生じている場合が精神分裂病の場合などで、その妄想内容のなかにこれらのことを認めることができる。自我が適当な強さをもたぬかぎり、このような危険が存在するわけである。これと似た現象であるが、自我が自己の偉大さにあてられて、同一化の現象を起こす。すなわち、自我肥大(ego inflation)が生じることもある。これは、つねに自己との対決の危険にさらされる職業である心理療法家や宗教家などの陥りやすい点であって、最も謙虚であるべき宗教家や心理療法家が、鼻もちならぬ高慢さをさらけ出すのも、この点である。意識的には謙虚さを売りものにして、それが無意識的な傲慢さによって裏づけられていることに気づかないタイプのひともある。

このような危険性をもつものとして、自己との対決を行おうとするひとは、相当な自我の強さをもつことが要請される。この自己実現の過程における自我の役割の重要性について、ユングは「自我の一面性に対して、無意識は補償的な象徴を生ぜしめ、両者間に橋渡しをしようとする。しかし、これはつねに、自我の積極的な協同態勢をもってしなくては、起こりえないことに、注意せねばならない(6)」と述べている。すなわち、まず自我を相当に強化し、その強い自我が自ら門を無意識の世界に対して開き、自己との相互的な対決と協同を通じてこそ、自己実現の道を歩むことができるとするのである。この点は、ユングが東洋の知恵を大いに取り入れながらも、東洋の一般的な態度との異なりを示す点ともいうことができる。ユングがしばしば指摘しているとおり、東洋は、心の内的世界について、とくに自己の問題について、西洋よりは、はるかに以前から多くを知っていたということができる。そのため、ややもすると自己の偉大さの強調が、自我の存在を犠牲にして説かれてきたように思われる。一個の人間の自我の価値(ひいては、一人のひとの生命さえ)が、それを超える偉大な存在のためには、平気で無視されるような考え方や生き方が、東洋には強かったことにも、このことが反映されている。あるいは、内的世界に心を奪われて、外界との関係(これが自我の役割である)を忘れてしまった典型としては、衆人の前で水の上を歩こうとして、沈んでしまって恥をかいたヨガの行者などをあげることができる。この行者が内的世界において、時間や空間の相対性を体験したことは容易に察せられるが、その体験を外界にまで延長しようとした点に問題が生じてきたわけである。

　自我の存在を忘れた行者は水に落ちこんでもの笑いとなるが、自己の存在を忘れたひとはどうなるであろうか。自分の意識体系を強化させ、発展せしめると同時に、無意識なもの、すなわち、非合理的なもの、劣等なものを抑圧してきたひとは、その強い自我によって地位や財産を築くことになろう。しかし、このようなひとは、ふとあるとき自分の地位や財産や、その仕事など、彼が誇りとしてきたものの「意味」がわからなくなったと感じ出すかもしれない。簡単にいうならば、そのひとたちは、自分が自分のたましいと切れた存在であることに気づき始めるのである。ユングは、自分を訪れた患者の約三分の一が、このように自分の人生の意味がわからなくなってやって来たひとだといっている。なかには、外的に何もかも適応していて、その「適応性に悩んでいる」と逆説的な表現をしたひとさえある。このようなひとたちの失われたこころを求める焦りに、しばらくの間の忘却のときを与えるために、近代文明は多くの発明をしている。多くのひとは、ただ刺激を求めて、低俗な映画をみたり競輪にこったりし始める。われわれ人間の時間節約のため多くの発明を生み出した近代文明は、時間の浪費のためのテレビなども発明してなんだか変な折合いをつけているが、これによって、失われたこころとの接触を回復することはむずかしい。われわれは水に落ちたヨガの行者を笑ってばかりもいられない。それでは、われわれはテレビも洗濯機もなげすてて、禅寺にでもこもるべきであろうか。実際、日本古来の伝統によって支えられている方法として、禅によって、こころの回復を試みるひとも多くあり、その意義もはっきりと認められる。しかし問題は、あれかこれかということではなく、あれもこれもという点にあるのではないか。つまり、外界との接触を失うことなく、しかも内界に対しても窓を開くこと、近代的な文明を消化しながら、古い暗い心の部分ともつながりをもとうとしなければならないことにある。ここにおいて、ユングが東洋の思索に大いに心ひかれながら、あくまで自我の重要性を強調し、自我《エゴ》と自己《セルフ》との相互作用と対決(Auseinandersetzung)ということを主張することの意味が十分に感じとられることと思う。

このように述べても実際に行うことは、危険性も高く、むずかしいことである。実際、ある個人が自己実現の問題に直面するときは、そのひとにとって最も危険なときであるとさえいえるだろう。このときには多くのひとが、自分の今までもっていた価値観が逆転するような感じさえ経験する。今まで、思考機能の有用性を確信していたひとは、感情機能の重要性に直面してたじろぐことであろうし、女らしいことはまったく軽蔑すべきと思っていた男性が、女らしくふるまっている自分を発見して驚くこともあろう。今までの各章において、いろいろな例をあげ、あるひとはその影に気づいて、それを統合しようとしたことを述べ、あるいは、男性的なペルソナをもったひとがアニマに直面することを述べたが、これらはすべて、自己実現の過程の一部ということができる。そして、その際における危険性について、読者の方は悟っていただけると思う。実際、自己実現のためには、今まで自分が絶対によしとしていたこともすて去らねばならぬときさえあり、ユングが、「すべて良いものは高くつくが、人格の発展ということは最も高価なものである」(7)と述べているのも、うなずけることである。

自己実現の過程を内的なイメージの世界において追究するとき、それが今まで述べてきたように、影、そしてアニマ(アニムス)、次に自己と、順番が存在し、アニマ・アニムスにもさきに述べたような段階があることを認めた点に、ユングの特性が認められる。しかし、一般にはこれが内的な世界だけで追究されることは考えられず、内界と外界との巧妙な結びつきと、それを橋渡しする投影の機制も手伝って、われわれの内的な発展は外的な関係とも関連づけられてくる。このため、たとえば、影の問題を内的に追究するひとは、そのイメージを投影した友人や兄弟などとの実際的な関係も微妙にからみ合ってきて、内的に影の統合がなされてゆくときは、それらのひとたちとの交際関係が改善されてゆくことにもなるわけである。これらは密接にからみ合っていて、どちらが先行するともいいがたいものがある。ユングが講義したあとで、あるひとが「先生のいわれる自己というのはどうもわかりにくい。もっと具体的に見えるもので、何が自己なのかいっていただきたい」と質問し、これに対し、「ここにおられるすべてのひと、皆さんが、私の自己です」とユングは答えたという。このことは、自己実現ということが、自分だけのことではなく、いかに他のひとびととのつながりを有するものであるかを非常に端的に示しているものということができる。このことをユングの言葉によって、もう一度述べるならば(8)、「個性化は二つの主要な面をもっている。まず一つは、内的・主観的な総合の過程であり、他の一つは同様に欠くことのできない客観的関係の過程である。ときとして、どちらか一方が優勢となることもあるが、どちらも片方だけで存在することはできない」ということができる。「分析を通じて自分を知る」と考えて、分析によって自分の心の内部を顕微鏡で覗くように調べるものと思っているひとは、分析を始め出すや否や、他人との関係の改変、対決が迫られてきて、「分析」の苦しさを痛感させられるものであるが、他人との関係を切り離して自分のみを知ることなどは不可能なことである。筆者も分析をしながら、ユングのいう内的な過程と外的な過程の巧妙な結びつきを、しばしば経験させられ、自己実現の過程における両面的な意義を痛感させられる。「分析」は、そのひとが、その自己を外的・内的に生きることを要請し続けるのである。

　ユングの提唱した自己実現の考え、そして、その考えに含まれている人間の心の内部に存在する可能性に対する信頼は、その後多くの心理療法の学派の考えのなかに反映されてきている(直接的な影響はあまり多くないと思われるが)。ただ、アメリカにおける自己実現の考えは、その光の部分のみを見て、ユングが述べているような暗い部分を見逃してしまっている点に、甘さを感じさせられる。心理療法にたずさわるものとして、人間の成長の可能性への信頼をもつことは非常に大切であるが、自己実現に伴う危険性と苦しみをよく知っていることも必要なことであると思われる。ユングの心理学の特徴として、この自己の問題にしても、その存在を仮定するというのみでなく、その象徴的表現をとらえ、研究を重ねていった点があげられるが、(9) この点については節を改めて述べることにする。

2　自己の象徴的表現

自己実現は人生の究極の目的であると述べたが、これは一つの静止した到達点があり、それを自己実現と呼んでいるというものではない。前節において述べたことによって明らかであろうが、自己実現はつねに発展してやまぬ過程であり、その過程そのものに大きい人生の意義がある。実際、われわれは自分の自己《セルフ》そのものを知りつくすことはなく、自己の象徴的表現を通じて、その働きを意識化することができるのである。このようにして把握できる自己の象徴はいろいろな形をとって現われる。前に、影やアニマ・アニムスが人格化されて現われる例を示したが、自己も人格化されることがあり、このときは超人間的な性格をもった姿をとる。つまり、男性にとっては老賢者(wise old man)、女性においては至高の女神の姿をとって夢に現われる。このような人格像はおとぎ話によく現われるもので、おとぎ話の主人公が困り果てたときに、率然として現われ、助言や忠告を与えてくれる知恵深い老人の姿として出現してくる。実際、われわれの自我が問題に直面し、あらゆる意識的な努力を続けても解決できず、絶望に陥りそうなときに、自己の働きが起こり、われわれは今までの段階とは異なった高次の解決を得ることを経験するのであるが、この老人の出現のしかたは、このような自己の働きの面を如実に示している。

このような老人については、ユングが『おとぎ話における精神の現象学』のなかで例をあげて説明している。(10) この老人は常人の思い及ばぬ洞察力をもっている。ユングのあげているコーカサスのおとぎ話では、王子様が、誰が見ても欠点のみつからぬお寺を作るが、ある老人が現われて、「惜しいことに、根石が曲がっている」と忠告する。王子がこれに従って寺を建て直すが、老人はまたもや欠点を見出し、三回も建て直す。このような話に、この老人のもつ不思議な知恵がよく示されている。東洋における仙人などは、まさにその典型であるが、芥川の『杜子春』の物語に現われる仙人などは、この好例であろう。あるいは実在したかどうかも判然としない老子という人物像が、中国人、あるいは日本人の心のなかに重要な地位を占めていることは、老子という名のもとに、東洋人のもつ「老賢者」のイメージが、年とともに一つの人格像として形成されていったものと考えることもできる。夢に現われたものとしては、一八〇頁に示した夢における白の祭司と黒の祭司が、このような意味の強い人間像ということができる。女性の場合は、地なる母の神や、至高の愛の神としても現われる。シンデレラのお話で、シンデレラが舞踏会に行きたいと思っているのを助けてくれる洗礼親の仙女は、この典型である。この場合も主人公が困り果てたときに仙女が出現している。

自己《セルフ》の人格化された像としては、このような老人の像のみでなく、子どもとして現われるときもある。「老人の知恵をもった子ども」というのは逆説的であるが、結局これは、自己実現の過程として現在生成されつつある(becoming)面が強調されているものということができる。自己が子どもの像として現わされている例としては、聖クリストファーの物語をあげることができる。(11) 聖クリストファーは非常に力が強かったので、最も強いひとにのみ仕えようと思った。初め王様に仕えたが、王様が悪魔を恐れているのを知り、悪魔に仕えることになる。ところが、悪魔が十字架を恐れていることがわかったので、もしキリストを発見できるならば、キリストに仕えようと決心する。一人の牧師がある川の浅瀬の所で待つように忠告するので、それに従い、その後、その川で多くのひとを肩に乗せて渡すことを続けながら、キリストを待った。ある嵐の夜、一人の子どもが彼に川を渡して欲しいと願った。クリストファーは、お安い御用とばかり、子どもを肩に乗せて、川を渡ろうとした。ところが、背中の子どもはだんだんと重くなりクリストファーの歩みは、歩一歩おそくなった。とうとう向こう岸に渡ったとき、彼は「まるで全世界を背負っているように」感じ、彼は自分の背中の上にいるひとがキリストであることを悟る。そして、キリストは彼の罪を許して、永遠の生命を与えることになる。

この話における、子どもの姿をしたキリストのイメージは、自己について多くのことを示している。クリストファーが、その強さを誇っていても、一人の子どもを背負いかねるところは、自我がいかにその強さに頼っていても、自己の働きに対して、いかに無力感を味わわねばならないかを如実に示している。そして、その重みに耐えかねるところは、自己実現の道がときには、重荷として感じられることも示している。自己実現は高くつくものだとユングはいったが、実際に、自己実現はできることならばさけたいと感じられるほどの苦難の道であるともいえる。ノイローゼのひとたちは、苦しい自己実現の道を拒否してしまったため、他の意味の苦しさを味わわされているひとともいうことができる。これをいいかえるならば、ノイローゼのひとは、本人も気づいていない実現すべき可能性を、内にもっているひとであるともいうことができる。ここに自己が子どもの姿をとって現われることは、それが無限の発展の可能性を示すとともに、反面、一見するところ弱いものとか、あまり価値のないもののような感じを与えることを示している。実際、最後には全世界を背負っているほど、重荷に感じたキリストを、クリストファーは最初は一人の子どもとみて、これならば簡単なこととばかり肩に乗せたのである。この場合、彼は仕事を引き受けたが、なかには、こんな子どものいうことを聞く必要があろうかと打ちすててしまうひともあろう。直観を主機能とするひとが感覚機能を軽蔑したり、内向的なひとが外向的な生き方を馬鹿にしたりして、取り合わないのが、このような場合である。そのようなひとたちはせっかく生まれでようとしている子どもを殺して(一七八頁の夢参照)生きているともいうことができる。

自分のなかの劣等な部分と直面し、それを統合してゆこうとする努力が自己実現であるが、このような統合性が強調されるものとして、反対物の合一を示す男性と女性の結合の姿が、自己の象徴として生じるときがある。まさに陰と陽の統合である。これは、多くのおとぎ話において、王子と王女の結婚がテーマとなることにも反映されている。前章にあげたプシケとクピドの物語においても、アニムスの問題を意識のなかに取り上げねばならなくなったプシケは、幾多の苦しみに出会うことになるが、最後は、このプシケとクピドが結ばれることによって、物語が終わることになっている。このような二者の合一による全体性の象徴に対して、その一方が欠けていることを典型的に示すのは、おとぎ話にもよくあるが、結婚式の当日になって花嫁(婿)がいなくなるとか、石になってしまうとかの主題があり、夢にも同様のテーマが生じることもある。このような全体性の象徴が、人格化されたものでなく、幾何学的な図形として生じてくるものがマンダラ(曼荼羅)である。

ユングは彼の患者たちが、その夢や幻想などにおいて、円や四角をテーマとする象徴的図形を見る、というよりは、患者の心の内部より自発的に生じてくることがあるのに気づいていた。そして、この出現の意義は患者自身にとっては不可解なことではあったが、その際に深い平安の感じや、調和の感情が伴うこと、あるいは治癒の起点とさえ感じられることがあるのをユングは重要視していた。ところが、彼がチベットの文献を知るに及んで、東洋においては、この円と四を主題とする多くの図形が宗教的に大きい意義をもつものとして存在し、それがマンダラと呼ばれていることがわかり、この東と西の対応を非常に興味深く感じるのである。実際、ユングがその患者から集めていた多くの象徴図形は、それらのひとたちが東洋のマンダラを知っていて描いたということは考えられぬので、普遍的無意識の存在を考えるユングにとっては、非常に意義の深い発見であったわけである。もともと、マンダラとはサンスクリット語であり、この語義はたくさんあるが、栂尾祥雲の『曼荼羅の研究』(12)によると、印度最古の文学である『梨倶吠陀《リグベーダ》』には、これが「区分」の意義に用いられており、巴利《パーリ》聖典長部などでは、「円輪」の意味に用いられているという。密教においては、本質、道場、壇、聚集の四種の概念の総合がマンダラと考えられるという。マンダラが本質を意味する点について、栂尾の文を引用すると、(13)「元来、曼荼羅(maṇḍala)なる語は、曼荼(maṇḍa)という語基と羅(la)なる後接語とから成立している。

そのうち、曼荼とは心髄本質の義で、味の上では牛乳を精煉した上にも精煉した醍醐味をさすのである。羅とは梵語の後接語たるmat, vatと等しく、所有の義、成就の義で、つまり曼荼羅とは本質心髄を有しているものという義である」。

ここに引用したマンダラの意味は、ユングの考えている自己の象徴的表現ということと、相当一致度の高いものと思われる。ただ、東洋の場合は、宗教的観想の対象として存在するものであり、普遍的な意味も高いものであるが、ユングの場合は、ある個人の夢や幻想から得た個人的なものである(もっとも、東洋のマンダラのなかのあるものは個人の夢や幻想から得られたものもあると考えられるが)。さて、このようなマンダラは、ある個人が心的な分離や不統合を経験している際に、それを統合しようとする心の内部の働きの表われとして生じる場合が多いとユングはいっている。「これは明らかに、自然の側からの自己治癒(self-healing)の企てであり、それは意識的な反省からではなく、本能的な動きから生じてきたものである。[14]」このよい例が原色図頁の図Ⅳに示した、幼稚園児の幾何学的な(花壇の)絵である。これは、まさに、この幼児の心のなかに生じた不統合感(家とかたつむりの分離によって示されている)を、その心の内部から癒し、再び統合へと向かわしめる自己の働きを如実に示しているマンダラということができる。子どもがこのような危機に直面し、それを乗り越えてゆくときにマンダラ図形を描くことは、注意しているとよく認めることができる。[15]なお、一一九頁の図10は、ユングの患者の描いた数多くのマンダラから、その一つをあげたものであるが、この場合は成人のものであり、前記の幼児のものより相当洗練された表現となっている。西洋人の描いたマンダラの例は、ユングの著作に相当出ているので、それを参照されたい。[16]マンダラとしてはいちばん簡単なたんなる円のみのものから、前記のような複雑なものまであり、なかには立体的なものもある。これらの場合、多くは四のテーマが重なるのであるが、なかには円と、三、五などのテーマが重なる変則的な場合もある。マンダラではないが、二〇五頁にあげた夢において三人の男と一人の女性という組み合わせが生じ、四番目の未知の女性に導かれて川を下ることは、四の数の完全性と、アニマが自己への仲介者として働いていることをよく表わしているものということができる。

意識的には分裂の危機を感じ、あるいは強い不統合性を感じて解決策もなくて困っているひとが、このマンダラ象徴が生じることによって心の平静を得、新たな統合性へと志向してゆく過程を見ることを経験すると、人間の心の内部にある全体性と統合性へ向かう働きの存在、自己治癒の力の存在を感ぜずにはおれないのである。マンダラのもつ幾何学的な精密さと、得がたき高価なものであるという特性が重なって、宝石が自己の象徴として現われることもある。宝の石を求めて主人公が苦労するおとぎ話も相当多い。わが国はもともと宝石が少なかった点もあろうが、石の意義を大いに認めながら、それを幾何学的に精密なものとするよりは、自然の姿のままで美的・宗教的な意義をもたせようとした点は、西洋と比較して非常に興味深いものがある。真四角な庭の中央にある円形の噴水、そして、その四隅には像が立ててあるといったような、幾何学的なイメージを重んじる西洋の庭と、あらゆる点で、幾何学的対称性をさけるように心がけたともいいたい日本の庭とは、どちらも深い意味で宗教的な意味ともつながるものだけに、その相違が興味深く感じられる。

自己の象徴としては、そのいまだ意識化されていない面が強調されるときは、動物の姿をとって現われる場合もある(おとぎ話のなかで、つねに主人公を助ける動物などである)が、これらは省略して、以上でだいたい、おもな自己の象徴をあげたので、この節はこの辺で終わりとして、次節では話題を変え、自己実現における「時」の問題について考察する。

3　自己実現における「時」

「自己実現は高くつく」ということをさきに述べた。実際に、自己実現は落ちていた大金を拾って使うような甘い話ではない。隠された宝を求めて多くの苦労を重ねる話は昔からよくあるが、このような苦しみは自己実現に必ず伴うものである。そして、ときにはそれは破壊的な力をもって生じ、自己実現の過程は自我を破滅させることにもなるのである。そのような典型的な例をユングに従って述べる(17)。

それは一介の労働者から多くの苦労の後に経営者にまで出世していったひとの話である。このひとは初めはただの印刷工であったが、二十年にもわたる苦労の後、非常に大規模な印刷所を自分で経営するほどになった。事業は大いに繁栄するので、このひとはますます仕事に熱中し、そのことにのみ全力をあげることとなった。このような熱心さが事業を発展させる基になるが、実はこのことが彼を破滅に導くことにもなるのである。すなわち、あまりにも事業にのみ関心を向けて他のことを抑圧したことの補償として、無意識のうちに、彼が幼年時代に絵や図案を描くことが好きだったという記憶が強力に浮かび上がってきたのである。このような、事業とあまり関係のない能力を、自分の幼児的な欲求に結びついているものとして、ありのままの形で受け入れ、それを趣味として取り上げるならば問題はない。しかし、あまりにも長い間抑圧されていたこの願望は、そのような段階でとどまることが許されず、彼は自分の印刷所での製品を「芸術的」に作りあげようと空想し始め、その空想は実現されることになってしまう。彼は自分の印刷所の製品を、幼児的で未成熟な自分の趣味に合わせて作り始めたが、数年たらずして彼の事業はつぶれてしまうのである。これは、現代の文明社会において出世しようとするかぎり、自分の力をただ一つの目的に集中して、他を犠牲にすべきであるという生き方を、そのとおりやってみたものの、それがあまりに極端に走ったために自分の心の内部に蓄積された幼児的な欲求につぶされてしまった例ということができる。彼の事業に対して外へ外へと向かって流れていた心的エネルギーは、事業が拡大され頂点に達したとき、その「時」において、内界に向かって逆流を始め、彼にとって内的意義の高い絵や図案の世界を、ついに彼は外的な意義と混同してしまい、それを商品として売ろうとすることによって破滅に向かうのである。彼がこの内界と外界を混同したりすることなく、事業と趣味を同一視したりせずに、彼の幼児的な世界を徐々に受け入れてゆく工夫をすれば、彼の自己実現は、このような破局的な結末に至ることはなかったと思われる。これは、まさに自己実現における危険性を示す好例であるが、ここで、この事業に向かって熱中していた彼にとって、このような内的なことに目を向けねばならぬ時がやってきた。その時の問題について考えてみたい。

この例で示されるように、人生の後半においてこのような重要な時がくることを、ユングはしばしばくり返して述べている。思春期が自我意識の確立するときとして、多くの学者に重要視されてきたのであるが、この四十歳前後に、人生の後半に至るための転換期としての重要性のあることを、ユングは主張するのである。[18] 人生を自己実現の過程としてみるとき、それはつねに発展を求めてやまぬ動的なものではあるが、年齢的にある特定の時期において、このような傾向が強化される時が存在する。その顕著なものがよく知られている第一、第二反抗期であり、このときに、われわれは、今までとは段階の異なる自主性の確立へと努力を払うのである。このような飛躍の時期は必然的に「危険な年齢」であり、飛躍のためのエネルギーは、ときに破壊的となり、この時期に多くのひとが反社会的、あるいは非社会的な行動にでて、ひとをも自分をも困難に陥れるのである。このような顕著な二つの反抗期の間に、六歳(小学校就学前)くらいと、十歳頃(小学三、四年頃)に、反抗期ほど顕著ではないが同種の時期が存在するようである(第四章に絵をあげて説明した事例は六歳児であり、第二章第3節の不潔恐怖症の男の子は九歳である。これらの例を参照されたい)。これらの段階については、詳しく述べることは省略するが、このような内的な発達段階が、ある程度年齢に応じて存在することを、われわれは知っておかなくてはならない。

年齢に応じた内的な発達の段階を示すものとしては、われわれ日本人にとって孔子の有名な言葉は、一つの理想的な姿を示すものとして植えつけられており、不惑、耳順などという言葉で年齢を示したりするほどである。このような理想的な段階に対して、一般の人間の段階を端的に示しているものとして、グリム童話にある人間の寿命についての簡単なお話をあげることができる。この愉快なお話によると、神様は、ロバに対して三十歳の寿命を与えようとされるが、ロバは荷役に苦しむ生涯の長いのを嫌がり、神様は十八年分短くしてやろうと約束される。ついで、犬も猿も三十歳を長すぎるといって辛がるので、神様はそれぞれ十二歳と十歳分だけ短くされる。そこへやって来た人間だけは三十歳の命の短いことを残念がるので、神様は、ロバ、犬、猿から取った年齢分、十八、十二、十歳の合計を人間に与えたので、人間は七十歳の寿命をもらうことになる。人間はこれでも不満げに退いたが、さて、このおとぎ話によると、それ以来人間は、三十年の人間の生涯を楽しんだ後、あとの十八年は重荷に苦しむロバの人生を送り、続く十二年は噛みつくには歯も抜けてしまった老犬の生活をし、後の十年は子どもじみた猿の年を送ることになったとのことである。この話も人生の段階について、いろいろな示唆をわれわれに与えてくれる。実際、すべての動物が自然のままにあるならば、別にそれは長命を願うこともないだろう。本能に従って生き、本能に従って死ぬのみであろう。しかし、動物のなかで人間のみが、神に頼んで、与えられた天寿をあえて延ばしてもらうことになる。しかし、それは無限に長くなるのではなく、他の動物が辞退した分をもらったというところが面白い。神様も人間が他の自然物とは異なることを認めた上で、しかし、やはり自然物の限界内で命を延ばすことを認められたとでもいえようか。この物語に従うと、この延命の結果はあまり幸福ではないが、現代の人間にとって望みたいことは、せめて、せっかく与えられた七十年の生涯を、この話のように後半に動物の年として生きるのではなく、あくまで人間の生涯として生きてゆきたいということではないか。もちろん、神を恐れぬ人間は、いろいろな薬を作り出して、与えられた七十歳の命を長くする努力も払っている。しかし、いかに楽観的なひとといえども、薬によって(少なくとも科学が作り出す薬によって)、死を永遠に回避できるとは思っていないだろう。

ここにおいて、さきに述べた三十歳以後の人生をロバや猿としてではなく人間として生きることの意義が重要になってくる。ところが、ここで人間のおかしやすい誤りは、三十歳までの生涯を、そのまま七十歳まで続けようと願うことである。彼らは三十歳の生活に固執し、「若さ」と「力強さ」を売物にしようと努力する。仕事に熱中し、事業は拡大する。そして、その結果は、さきにあげた例が示すように、見せかけの上昇がとまる「時」がやってきて、この高く上りすぎた五十歳の若者は、突然、「猿の年」に向かって落下する。このような事態をさけるためには、われわれは、いつまでも三十歳までの生涯に固執することをさけ、四十歳は四十歳の、五十歳は五十歳の人間の年を、フルに生きることが必要となってくる。ひとは六十歳になって、なぜ三十歳の若さにしがみつこうとするのか。六十歳には六十歳の味があるはずである。昔からあった「老人の叡智」はどこへ行ったのか、とユングは嘆く。(19) アメリカでは老人は若さを誇り、父親は息子のよき兄となり、母親は、もしできることなら、娘の妹でさえありたいと願う。結局、このような混乱が生じてきたのも、今まで、あまりにも老人を尊重してきたことの反動であろうが、こうまで極端に走ってしまうと、まったく意味のないことである。われわれは、あくまで人間としての七十歳の生涯を生きるためには、いつまでも、見せかけの上昇を追うことなく、人生の後半においては「下ることによって仕事をまっとうする」逆説を生きねばならない。このような人生の後半の意義に関するユングの説は、東洋人にとっては目新しいものではないといえるかもしれぬ。孔子の言葉をもち出すまでもなく、東洋の宗教や哲学は実際に老人の叡智に満ちているということができる。それではユングの説を日本人に述べることがまったく無意義であるかというとそうともいいがたい。アメリカについて述べたのと同じような理想の父や母になろうと努めている若い両親が日本にいないとはいえぬからである。

自己実現の問題が、一般にある年齢においてとくに強く感じられることを述べたが、ある個人にとって、そのような「時」はいつ訪れてくるのかは、もちろん確定していない。そして、それは本人の思いもよらぬときにやってくることもある。仕事にばかり熱中して、それにばかり力を注いでいた前述の印刷工場の経営者が、ふと幼児の記憶を心に浮かべて、それを何とかしてみたいと思う「時」、この場合でいえば、この人の上昇がとまり急激な落下が始まる「時」、それは思いがけぬときにやってくる。あるいは、第二章に述べた遊戯治療の例において、手も顔もよごして遊びに熱中していた子どもが、初めて自発的に手を洗い、治療者からハンカチを受け取る「時」、それは治療者の予想を超えて、生じてくるものである。このような意義深い「時」を、時計によって測定できる時間と区別して考えることが大切である。これをティリッヒにならって、前者のような「時」をカイロス(kairos)、後者のような時間をクロノス(chronos)と呼んでおこう。[20] 自己実現の問題と、このカイロスの問題は密接に関連している。今まで外向的に生きてきたひとが、内向的な生き方にも意義を見出さねばならぬとき、あるいは女性との交際に無関心に勉強ばかりしてきた学生が、心を魅せられる女性にふと出会ったとき、これらのカイロスを大切にしないと、このひとは自己実現の道を誤ることにもなる。しかし、カイロスをあまりに大切にしすぎて、クロノスを忘れてしまうと、生きてゆくために必要なペルソナを破壊する危険もある。勤務時間、面接時間、劇場の開演時間、恋人との約束時間、これらすべてのクロノスを守ることは、一般の社会人として必要なこととなっている。そして、なかにはクロノスばかりを大切にして、そのなかに流れるカイロスには無関心になってしまっているひともある。

実のところ、恋人に会うとか、素晴らしい芸術の観賞などは、まさに、「その時」にすべきであるのに、これらをさえクロノスに従わせねばならぬのが、現代の悲劇かもしれぬ。これを最も端的に示しているのが、角力の立ち合いの制限時間であろう。もともと、その本来の趣旨からして、角力の本質は、そのカイロスによる立ち合いにあったのではないか。だから、昔の角力の立ち合いには制限時間などというものはなかった。それが、近代のスポーツにおける時間、クロノスの重視に従わねばならなくなったわけである。スポーツはクロノスによって支配されるが、カイロスによって事が運ぶ点に、儀式の本質があり、角力などは昔において、宗教的儀式として存在していたことが、この点からも想像される(オリンピアの儀式も同様に近代スポーツに変容したわけであるが)。この儀式とスポーツ、カイロスとクロノスのジレンマから制限時間などという妥協案が出てきたともみることができる。この点、角力は往時の宗教性をどこかに残しており、このために、宗教的儀式の最高の司行者として、絶対に負けてはならない横綱のイメージと、いちばん強いスポーツマンとしての横綱のイメージが、ファンや角力取り自身の心のなかで交錯して、このために悲劇の横綱ができたりもする。

自己実現における重要な時において、われわれはしばしば、不思議な現象に出会うことがある。それは偶然にしては、あまりにも意味の深い偶然と考えられる現象が起こるのである。たとえば、今まで絵には全然関心のなかったひとが、友人と絵の展覧会に行く夢を見る。そして、分析家の所で、自分の劣等機能としての感覚機能の発展という点から、絵を見にゆくのも意味があるだろうと話し合う。帰宅すると、夢にみた友人から電話があって、絵の展覧会にゆこうと誘われるといったような現象である。これは、いわゆる夢のお告げといわれるもので、予知夢のことについて述べたときに、例も示しておいた。このような、「意味のある偶然の一致」(meaningful coincidence)を、ユングは重要視して、これを因果律によらぬ一種の規律と考え、非因果的な原則として、同時性(synchronicity)の原理なるものを考えた[21]。つまり、自然現象には因果律によって把握できるものと、因果律によっては解明できないが、意味のある現象が同時に生じるような場合とがあり、後者を把握するものとして、同時性《シンクロニシティ》ということを考えたのである。これは心理療法という、人間の心の現象を取り扱う仕事に従事していると、他のひとたちよりも数多く、このような現象に出会うとも考えられる。これはとくに、心理療法によって転機を与えられる場合に経験することが多い。このような強烈な経験をしたクライエントが、「このように偶然が重なるのは、もう、たんなる偶然とは思えません」といったことがあるが、これは、その感じを非常によく表わしている。しかし、このような同時性の現象を因果律によって説明しようとすると、それはただちに偽科学(魔術)に陥る。死ぬ夢を見たから死んだとか、祈ってもらったからよくなった、などと説明する考え方である。マイヤーは、この考えを推し進めて、現在問題となっている心と身体の問題を解く、一つの鍵として、この同時性の考えが役立つのではないかといっている[22]。すなわち、心理的問題があるから身体が害された、とか、身体が害されたから心の状態が悪くなったというように、因果律的に把握しようとしないことによって、精神身体医学(psychosomatic medicine)の現象を解明しようとするのである(もちろん、なかには、因果律的な方法によって説明しうる現象もあるのは当然である)。

同時性の原理に従って事象をみるときは、何が何の原因であるか、という点にではなく、何と何が共に起こり、それはどのような意味によって結合しているかという点が重視されてくる。後者のようなものの見方は、実のところ、中国人の非常に得意とするところで、易経などは、そのような知識に満ちた本であるということができる。事象を因果の鎖によって時間系列のなかに並べるのではなく、事象全体をとらえて、その全般的な「相」を見出そうとするのである。中国に古くから文明が栄えながら、自然科学が発達しなかった理由として、中国人(東洋人)の考え方が非論理的であると述べるひともあるが、そのようなことはなく、中国人(東洋人)も十分に論理的であると筆者は思う。論理的であるが、このように事象に対する態度が根本的に異なっており、このため西洋に自然科学が発達したが、中国では発達しなかったとみることができる。そして、相を相として非因果律的に把握することはむずかしいので、このようにして知った相の知識を因果的に説明し始めるや否や、それは、いわゆる迷信となり果てて、自然科学の発達をますます妨害することともなったと考えられる。西洋においては、自然科学が発達するが、これは一面豊かな「相」の知恵を抑圧すること、ひいては、自我が心の深部に存在する自己《セルフ》との接触を失うほどの危険をもたらすことになって、現代の西洋において、「人間疎外」の問題が大きく取り上げられねばならなくなったともいうことができる。

同時性《シンクロニシティ》の概念は自己の問題と関連が深いので、ここに取り上げて簡単に説明したが、この考えは、これからの科学方法論において大きい意味をもつものと考えられる。[23] 興味のある方は、ユングの原著を参照されたい。

注

(1) Jung, C. G. & Wilhelm, The Secret of the Golden Flower, Routledge & Kegan Paul, 1931. 湯浅泰雄・定方昭夫訳「ヨーロッパの読者のための注解」『黄金の華の秘密』所収、人文書院、二〇〇四年。

(2) Jung, C. G., On the Psychology and Pathology of So-called Occult Phenomena, C. W. 1, pp. 3-88. 宇野昌人・岩堀武司・山本淳訳「心霊現象の心理と病理」『心霊現象の心理と病理』所

収、法政大学出版局、一九八二年、一―一二三頁。

(3) Jung & Wilhelm, *op. cit.* 前掲注(1)「ヨーロッパの読者のための注解」。

(4) Jung, C. G., Two Essays on Analytical Psychology, C. W. 7, pp. 175-176. 松代洋一・渡辺学訳『自我と無意識』第三文明社(レグルス文庫)、一九九五年、九九―一〇一頁。

(5) Jung, C. G., Concerning Rebirth, C. W. 9, I, p. 142. 林道義訳「生まれ変わりについて」『個性化とマンダラ』所収、みすず書房、一九九一年、四一頁。

(6) Jung, C. G., Fundamental Questions of Psychotherapy, C. W. 16, p. 123.

(7) Jung, C. G. & Wilhelm, *op. cit.*, p. 92. 前掲注(1)「ヨーロッパの読者のための注解」、五〇頁。

(8) Jung, C. G., Psychology of the Transference, C. W. 16, p. 234. 林道義・磯上恵子訳『転移の心理学』みすず書房、一九九四年、九四頁。

(9) 自己《セルフ》、および自己実現の過程を心像や象徴の世界においてとらえてゆくことが、ユングのライフワークであったといっても過言ではない。本書においてはほとんどふれることができなかったが、次の著作は、この点からいって重要なものである。興味のある方は参照されたい。

Jung, C. G., Psychology and Alchemy, C. W. 12. 池田紘一・鎌田道生訳『心理学と錬金術』I・II、人文書院、一九七六年。

Jung, C. G., Aion: Contribution to the Symbolism of the Self, C. W. 9, II. 野田倬訳『アイオ

ーン』ユング・コレクション4、人文書院、一九九〇年。

Jung, C. G., Mysterium Coniunctionis, C. W. 14. 池田紘一訳『結合の神秘1・2』ユング・コレクション5・6、人文書院、一九九五―二〇〇〇年。

最初のは中世の錬金術の過程のなかに、自己実現の過程が投影されていることを示し、その心像を通じて自己実現の過程を述べたものである。二番目のは、キリストが自己の象徴としての意味をもつことを追究したものであり、第三の著作は、自己が対立物の合一、統合によって示される点に注目してなされた研究である。

(10) Jung, C. G., The Phenomenology of the Spirit in Fairytales, C. W. 9, I, pp. 207-254. 林道義訳「精神(ガイスト)元型――おとぎ話に見られる」『元型論』所収、紀伊國屋書店、一九九九年、二三五―二八七頁。

(11) von Franz, M.-L., The Process of Individuation. 河合隼雄監訳『人間と象徴：無意識の世界』下巻、河出書房新社、一九七五年、一〇八―一〇九頁。これは、ユングが晩年に編集した解説書、Man and his Symbols, Aldus Books, 1964, の二一八頁にのっている物語である。なおこのユングの編集した本は筆者も最近入手したばかりのため、本書に引用できることが少なく残念であるが、ユングが通俗的な解説書として書いた唯一の本であるだけに、非常に読みやすいものなので、一般の読者の方におすすめしたいものである。

(12) 栂尾祥雲『曼荼羅乃研究』高野山大学出版部、一九三二年。

(13) 栂尾祥雲、前掲注(12)書、一—二頁。

(14) Jung, C. G., Mandalas, C. W. 9, I, p. 388. 林道義訳「マンダラ」前掲注(5)書所収、二二四頁。

(15) Jung, C. G., Man and his Symbols, p. 165, 前掲注(11)書、下巻、一七頁、にも子どもの描いたマンダラ図形の例がのっている。

(16) Jung, C. G., The Archetypes and the Collective Unconscious, C. W. 9, I, 林道義訳「集合的無意識の諸元型について」前掲注(10)書所収、二七—七六頁、にマンダラの例が多くある。

(17) Jung, C. G., Psychological Types, Routledge & Kegan Paul, 1921, pp. 424–425. 林道義訳『タイプ論』みすず書房、一九八七年、三六四—三六五頁。

(18) Jung, C. G., The Stages of Life, C. W. 8, pp. 387–403. 鎌田輝男訳「人生の転換期」『現代思想 臨時増刊 総特集＝ユング』所収、青土社、一九七九年、四二—五五頁。

(19) Jung, C. G., *ibid.*, p. 400. 前掲注(18)「人生の転換期」五二—五三頁。

(20) ティリッヒの言葉を借りたが、今の場合彼の用いている意味とは異なっている点もある。

(21) Jung, C. G., Synchronicity: An Acausal Connecting Principle, C. W. 8, pp. 417–519. 河合隼雄・村上陽一郎訳「共時性：非因果的連関の原理」『自然現象と心の構造』所収、海鳴社、一九七六年、一—一四六頁。

(22) Meier, C. A., "Psychosomatic Medicine from the Jungian Point of View," J. Analytical Psychol., 8, 1963, pp. 103–121.

(23) ユングがこの同時性の原理について発表した際に、有名な理論物理学者のパウリ(Pauli)の論文と共に出版しているのは真に意義深い。Jung, C. G. & Pauli, Naturerklärung und Psyche, Rascher, 1952.（英訳 The Interpretation of Nature and the Psyche, Pantheon Books, 1955. 邦訳、前掲注(21)書）ここで、ユングとパウリとは、自然物と心の現象の共通の説明原理として、因果律による原理と共に、この同時性《シンクロニシティ》の原理を取り上げるべきことを述べている。

読書案内

河合俊雄

本書から、さらにユング心理学について知りたいという一般読者のために、ユング自身の著作を中心に何冊か挙げておく。

1　ユング、松代洋一・渡辺学(訳)『自我と無意識』第三文明社(レグルス文庫)、一九九五年

ユング全集の第七巻に入っている、*Die Beziehungen zwischen dem Ich und dem Unbewußten* の訳である。非常に直観的で、つかみどころのないユングには珍しく、わりあいに体系的に書いてある。著者も何度か明かしているように、この『ユング心理学入門』の下敷きとなった本である。もしもユング自身の本で何か一冊だけをということならば、文庫で手軽でもあり、この本をお薦めしたい。

一見すると、個人的無意識から普遍的(集合的)無意識へ、ペルソナからアニマ・アニムス、さらに自己へと分析やいわゆる自己実現のプロセスが進むように書いてある。けれども、読んでいくと、よく二つの可能性が示されていて、そのどちらもだめであるとされていて、困

惑しているとその章は終わって、次の章に進んでいる。進み方を教えてくれるのではなくて、自らそれに取り組むようにし向けてくれる、極めて心理療法的な本である。

2　ユング、ヤッフェ(編)、河合隼雄他(訳)『ユング自伝——思い出・夢・思想』1・2、みすず書房、一九七二年、一九七三年

もともと伝記のはずだったのが、出版社の販売戦略のせいで自伝とされてしまったこと、ヤッフェや出版社の編集の仕方による検閲や歪み、英訳、さらにそれに基づく邦訳の問題など、様々な弱点は指摘されても、ユング自身の体験を知るには、今のところ最もすぐれた本であると思われる。幼少時の夢やヴィジョン、学童期の不登校の体験、中年期の精神病的危機、さらには、晩年に心筋梗塞で死にかけた体験などが、いかにユングの心理学の中核に関わっているかがわかる。

なお今年、ユングが精神的危機に陥ったときに著し、未公刊であった『赤の書』が、出版される予定である。

3　ユング、小川捷之(訳)『分析心理学』みすず書房、一九七六年

これはタヴィストックでの講義を元にしたもので、いわばユング自身によるユング心理学の入門書と言えよう。言語連想検査にも具体的にふれているし、また後半では実際の治療関

係についても詳しい。またユングが、身体という要素をとても意識していたこともわかる。話し言葉をベースにしているので、わかりやすく書かれており、それでいてユング自身の語りは含蓄が深く、迫力がある。

4　河合隼雄『コンプレックス』岩波新書、一九七一年

本書の四年後に書かれ、著者を、そしてユング心理学をポピュラーにした本と言えよう。これはある意味で本書の姉妹編とも言え、コンプレックスということを切り口にしつつも、ユング心理学全般への入門になっている。

5　A・ストー、山中康裕他(監訳)『エッセンシャル・ユング』創元社、一九九七年

これは、ユングの代表的諸作および諸論文の抜粋である。大著を読み通さないことになってしまうこともあるので、このような本の功罪はあろうが、便利な本である。巻末に、ユングの全著作と邦訳のリストが載っているので、本書の注のユングの邦訳から、もっとユングを読みたいという人は、参考にしていただきたい。

6　ユング、池田紘一(訳)『結合の神秘』Ⅰ、Ⅱ(ユング・コレクション5、6)人文書院、一九九五年、二〇〇〇年

ユングの晩年の代表作である。後期のユングは、錬金術の研究に没頭していく。それは心理療法のプロセスを錬金術によって理解しようというものであったり、逆に錬金術を心理学的に解釈しようというものであったりする。けれどもこの本では、ユングの錬金術の材料の扱い方がまさに彼の心理学になっていて、結合と分離というテーマが扱われていく。大著で難解であり、またユング前期の考え方を中心にしている本書からははずれるけれども、本格的にユング後期の思想を知りたい人のためにあげておく。

解説　繰り返し立ち返るべき「古典」

茂木健一郎

人間とは何か。私たちの心の「本性」はどこにあるのか？　これらの問いは、人間が進化の過程で「意識」を獲得し、自分自身を「外」から眺める「メタ認知」のはたらきを獲得したのと同時に生まれたと考えられる。

デカルトの言う「我思うゆえに我あり」は確かに人間精神のレゾン・ド・エーテルとなる。「自省」の能力とともに、まるでパンドラの箱が開くように、ありとあらゆる災いや不安もまた誕生したのである。

果たして「私」とはどんな存在なのか？　この切なくも鋭い問いは、人間の脳裏を片時も離れない。それでいて、そう簡単には答えが出ないことも、私たちはみな知っている。古代ギリシャの哲学者ソクラテスは「無知の知」を説いた。自分が何も知らないことを、幼い子は知っている。だからこそ、貪欲にさまざまなことを吸収する。中途半端にものを知った大人だけが、「無知の知」を離れる。

現代は表面上は経験科学、そして技術全盛の時代のように見える。しかし、人間の魂の問題に関しては、これらのアプローチから得られることは驚くほど少ない。私たちの意識が物質である脳の活動からどのようにして生み出されるのかというミステリーに対する答えは、杳《よう》としてしれない。それでも、私たちの日々の営みは表面上の進歩や技術上の便利さに心を奪われ、魂の本性に対する深い問いかけからどんどん離れていく傾向がある。

久しぶりに河合隼雄さんの『ユング心理学入門』を読み返して、干天《かんてん》に慈雨を受ける思いだった。乾ききったタオルに水がしみ込んでいくように、河合さんの温かく深い文章が心の奥底に入っていく。現代という「怪物」に適応する上で私たちが何を失わなくてはならなかったか。置き去りにしてしまったものは何か。その重大な秘密のうちへと、自分が回帰していくことの歓び。『ユング心理学入門』の再読で、私は文字通り「癒された」のである。多くの読者にとっても、そうなのではないかと思う。

人間の意識や無意識のあり方、夢の意味、象徴の力について多くの独創的な論考を残したカール・グスタフ・ユング。ユングの議論の中に潜む「現代人の忘れもの」。河合隼雄さんは、人間の本性を知るための方法論としてのユングの体系の「可能性の中心」を誰よりも深く理解していた人だった。『ユング心理学入門』は、ユングという一人の心理学者の事蹟を探るきっかけとなる本であると同時に、御自身もまた真理の探求者であった河合隼雄さんの思考に触れるよすがともなる名著である。

読み始めればその感触がすぐに伝わってくる、心の中で深く豊かに響き、さまざまなものをつなげていくかのような河合隼雄さんの文体。『ユング心理学入門』の頁をめくっていくと、河合さんに接する時間のうちにあった、魂が温かく包み込まれるような充実を思い出す。

初めて河合隼雄さんにお目にかかったのは、駿河台の山の上ホテルだった。入っていくと、立ち上がってにっこりと笑われた。「おおきな人」というのが、第一印象であった。

その時は、しばらく前に見た夢の話をした。私の前に赤い服を着た五歳の女の子がいた。目が覚めた時、強烈な印象があった。その子が誰だかわからないのだけれども、今でも妙に気になるのです。そう申し上げると、河合さんはにこっと笑って「はあ、面白いなあ」とおっしゃった。それから、「茂木さんの人生の中で、五年くらい前に始まったことはありませんか？　そのことが、心の中で課題となっているんだと思います。」と言われた。

その一言に、はっと打たれた。「赤い服を着た五歳の女の子」というのは、具体的な実在の人物を表しているものとばかりについつい思い込んでいた。だが、指摘されてみれば確かにそうとは限らない。河合さんの言われるように、無意識の中で気にかかっている何ごとかが、「赤い服を着た五歳の女の子」として意識に上ってくることだって、あり得る。

「コンプレックスは自我の統合性を乱し、障害を生じるものであるから、この構造や現象を、とくに自我との関連性においてよく知っておくことが大切である。コンプレックスは、そもそもその内容が自我にとって容易に受け入れがたいものであるから、最初、自我がこの存在に気づかないのも当然である。すなわち自我による抑圧の機制が働いているわけである。」(『ユング心理学入門』第二章「コンプレックス」)

ユングの体系の中で重要な位置を示す「コンプレックス」。私の夢の中に出てきた「赤い服を着た女の子」は、私自身の意識が容易に気づかぬ、ある無意識下の表象なのだろう。そのような容易に意識化できない記憶や感情にかかわる情報処理のダイナミクスの複雑さを、現代の脳科学は徐々に明らかにしつつある。その意味で、ユングの心理学の射程は確かに遠い未来へと至るものだった。

印象的だったのは、「茂木さんの人生の中で、五年くらい前に始まったことはありませんか?」とおっしゃった時の河合隼雄さんのやわらかなもの言い。大変な碩学《せきがく》。緻密な理論を展開しようと思えばいくらでもできる。それが、「はあ、面白いなあ」とこちらをやわらかく受け止めて下さる。思わず、自分の心の一番奥底にある秘密を話してしまいそうになる。

河合隼雄さんは、アメリカに留学された後、スイスに渡ってユング研究所で学んだ。そして、日本人として初めてユング派分析家の資格を得た。カウンセリングや箱庭による心理療法の草分けであり、第一人者。とりわけ、「箱庭療法」については、この方法論を深め、効果的に改良し、広める上で大きな功績があった。

そんな河合さんは、「人の話を聞く」ということに関する大家だったように思う。私自身、対談をするつもりがいつの間にか自分の話をしていた。河合さんの叡智に満ちた温かい反応に、ついつい自分のすべてをゆだねるような気持ちにさせられてしまったのである。

あれは京都のクリニックにうかがった時だったか、とんでもない話を聞いたことがある。河合隼雄さんがタクシーに乗る時のこと。河合さんと話しているうちに運転手さんが身の上話を始めてしまい、ついつい夢中になって目的地とは全く違った場所にいってしまうということが何回もあった、というのである。「私もねえ、タクシーを始める前にはいろいろありましてね」などと打ち明け話を始めるという。

もちろん、運転手さんには「河合隼雄」とはわかっていない。「はあ、そうですか」というような相づちの打ち方。言葉の間。温かい声の印象。そのような要素がすべてないまぜとなって、運転手さんが自分の人生の秘密を言いたくなるような気持ちになってしまうのだろう。タクシーのバックシートに座って相づちを打っているだけでカウンセリングが始まってしまう。巧妙な聴き手も、ここまでいけばもはや名人芸である。

そんな河合隼雄さんがユングの世界観を深く理解した上で書き記す言葉には、至るところに珠玉の叡智が光っている。「夢分析」の章で紹介されている、六歳の男の子のエピソード。死について質問するので困るというので、母親が相談に来る。男の子は、「両親も死ななくてはならないときがくる」と話して泣く。それを聞いている母親も泣きながら聞き、話し合う。ある時、その男の子は目を輝かして、「お母さん、とうとうよいことを思いついた」とやってくる。「僕が死んでも、もう一度お母さんのお腹の中に入って、また生まれてくるとよい」と男の子は話す。そうして、すっかり死の話をしなくなったという。

河合隼雄さんは、この報告を聞いた時に、強い感動におそわれるのを禁じ得なかったと告白する。死の問題に直面していた六歳の男の子の心の内部から、どの宗教にとっても大切な「再生」のモティーフが自然に生じてきて、男の子の内的な安定を取り戻す。ユングが重視した「ヌミノース」、すなわち概念化して合理的に表現できるもの以上のものを含む体験。自身の学問を生の現場に結びつけて、男の子の魂の履歴に向き合う河合さん。このような文章を読む時に、ああ、この人の叡智と心根は信じることができる、と確信される。

ユング心理学に対する河合さんのアプローチには、数学から心理学に転じ、その後も人間を理解し、その根っこにある再生力に訴えることに生涯を尽くしたその生き様が色濃く投影されているように思うのである。

タイプ、コンプレックス、普遍的無意識といったユング心理学の概念は、人間の精神の奥底にあるダイナミクスを理解する上で有効な手段。「ユング」から「河合隼雄」へと受け継がれる「魂のリレー」を、私たち現代を生きるものはぜひとも続けて行かなければならない。

その一方で、難しい側面もある。経験主義科学は、その実際的態度において人間の心の本性から遠くへと行ってしまっている。ユング的な問題意識が、対象を細かく分割し、その性質を調べる現代科学のやり方にはストレートに接合しないことも事実である。そのことを、どのように考えるか。

河合さんが、京都のクリニックの箱庭のある部屋でおっしゃっていたことが忘れられない。臨床心理においては、クライアントが「治る」こと、より前向きに生きることができるということが一番大切である。箱庭に使うアイテムを標準化したり、砂は何センチの深さ、セッションは何分で、などと規定して行くのは、「再現性」や「普遍性」を標榜する経験科学の営みとしては必要かもしれないが、それが行きすぎれば、人間の心の有機的体系性や、生きた現場性から離れていってしまう。

河合隼雄さんが向き合っていた、人間の心の真実。それを現代の科学や技術の文法に直接結びつけることの困難。しかし、必ず道はあるはずだ。私たちには、余りにも大きな宿題が残されている。さまざまな思いを胸に秘めながら『ユング心理学入門』を読む時、この本が私たちがそこに繰り返し立ち返るべき「古典」であることが改めて確信されるのである。

（脳科学者）

〈心理療法〉コレクション　刊行によせて

本コレクションは、私の父であり、ユング心理学を日本で最初に本格的に紹介した河合隼雄の「心理療法」についての著作の主なものを、一般読者に手に取りやすい文庫という形で提供しようとするものである。二〇〇六年八月に突然倒れ、意識不明のままほぼ一年後の二〇〇七年七月に亡くなった父は、少なくとも意識的には何も死の準備などできなかった。生前の仕事の仕方からして、残念ながらほぼ何の遺稿も残っていない。残された仕事を出版するすべもないなかで、このコレクションの出版には追悼の意味もこめられている。

さて、本コレクションは、第一作である『ユング心理学入門』からはじまり、晩年の『心理療法入門』に至るまで、心理療法についての河合隼雄の考え方の変遷がたどれるものとなっている。『ユング心理学入門』では、西洋で学んだ心理療法を紹介する姿勢も見られ、同じく初期の『カウンセリングの実際』では、逆に体当たり的に行っている自身の心理療法の事例が載っているのが初々しい。著者独自の心理療法の理解ややり方は、六三歳で京都大学を定年で退いた時に書かれた『心理療法序説』になると、もっと自覚されていくことになるが、初期のものにも既に現れているとも言えよう。

心理療法というのは、いくらセラピストががんばってもクライエントという他者によっている。ユング派の特徴でもあろうが、父河合隼雄の心理療法論は、常に他の学問との対話や、様々なコンテクストという他者に照らして展開されていることが多い。それは『生と死の接点』におけるような文化人類学や宗教学の知見であり、また『ユング心理学と仏教』における仏教の教えである。またある種対極をなすことが多いながら、科学性ということも、常に意識されていたことがわかるのである。最後の『心理療法入門』は、イメージ、身体性、イニシエーション、物語など、様々な他者との関連で心理療法を捉えた全八巻から成る、『講座心理療法』というシリーズでの巻頭の概説を集めたものなので、体系化はされていないものの、様々なコンテクストで心理療法を捉えていこうという姿勢は貫かれていると言えよう。

心理療法に関する著者の仕事としては、既に文庫化されていたり、一冊に編集しにくかったりするものが含まれていないので、必ずしも全てを網羅したものではない。しかしながら一般読者からすると、通読すると河合隼雄の心理療法に対する考え方のエッセンスがわかるコレクションであると言えよう。

版権の承諾に関しては、培風館と誠信書房にご理解をいただき、感謝している。本コレクションにおける『ユング心理学入門』と『カウンセリングの実際』(『カウンセリングの実際問題』というタイトルで誠信書房より刊行)は抜粋であり、より専門的に知りたい人には、是非とも培風館と誠信書房から出ている完全版をお薦めしたい。また多忙にもかかわらず各巻の解説を快く引き受けていただいた先生がた、それに企画から様々なチェックまでお世話になった岩波書店の中西沢子さんに、こころから感謝したい。

河合俊雄

二〇〇九年三月末日

本書は、一九六七年一〇月培風館より刊行された。その後、『河合隼雄著作集1　ユング心理学入門』(一九九四年七月、岩波書店)に第一・二・一〇・一一章および付録を割愛して収録された。底本には著作集版を使用した。

索　引

・太字で示した頁は，その用語についてまとまった解説のある箇所．

あ 行

か 行

さ 行

た 行

な 行

は 行

ま 行

や 行

ら 行

わ 行

〈心理療法〉コレクションⅠ
ユング心理学入門

2009年 5月15日 第1刷発行
2025年 7月 4日 第20刷発行

著　者　河合隼雄《かわいはやお》

編　者　河合俊雄《かわいとしお》

発行者　坂本政謙

発行所　株式会社 岩波書店
〒101-8002 東京都千代田区一ツ橋 2-5-5
案内 03-5210-4000　営業部 03-5210-4111
https://www.iwanami.co.jp/

印刷・精興社　製本・中永製本

ISBN 978-4-00-600220-6　Printed in Japan

岩波現代文庫創刊二〇年に際して

二一世紀が始まってからすでに二〇年が経とうとしています。この間のグローバル化の急激な進行は世界のあり方を大きく変えました。世界規模で経済や情報の結びつきが強まるとともに、国境を越えた人の移動は日常の光景となり、今やどこに住んでいても、私たちの暮らしは世界中の様々な出来事と無関係ではいられません。しかし、グローバル化の中で否応なくもたらされる「他者」との出会いや交流は、新たな文化や価値観だけではなく、摩擦や衝突、そしてしばしば憎悪までをも生み出しています。グローバル化にともなう副作用は、その恩恵を遥かにこえていると言わざるを得ません。

今私たちに求められているのは、国内、国外にかかわらず、異なる歴史や経験、文化を持つ「他者」と向き合い、よりよい関係を結び直してゆくための想像力、構想力ではないでしょうか。

新世紀の到来を目前にした二〇〇〇年一月に創刊された岩波現代文庫は、この二〇年を通して、哲学や歴史、経済、自然科学から、小説やエッセイ、ルポルタージュにいたるまで幅広いジャンルの書目を刊行してきました。一〇〇〇点を超える書目には、人類が直面してきた様々な課題と、試行錯誤の営みが刻まれています。読書を通した過去の「他者」との出会いから得られる知識や経験は、私たちがよりよい社会を作り上げてゆくために大きな示唆を与えてくれるはずです。

一冊の本が世界を変える大きな力を持つことを信じ、岩波現代文庫はこれからもさらなるラインナップの充実をめざしてゆきます。

（二〇二〇年一月）

岩波現代文庫［学術］

G452
草の根のファシズム
―日本民衆の戦争体験―
吉見義明

戦争を引き起こしたファシズムは民衆が支えていた――従来の戦争観を大きく転換させた名著、待望の文庫化。〈解説〉加藤陽子

G453
日本仏教の社会倫理
―正法を生きる―
島薗　進

日本仏教に本来豊かに備わっていた、サッダルマ（正法）を世に現す生き方の系譜を再発見し、新しい日本仏教史像を提示する。

G454
万民の法
ジョン・ロールズ
中山竜一訳

「公正としての正義」の構想を世界に広げ、平和と正義に満ちた国際社会はいかにして実現可能かを追究したロールズ最晩年の主著。

G455
原子・原子核・原子力
―わたしが講義で伝えたかったこと―
山本義隆

原子・原子核について基礎から学び、原子力への理解を深めるための物理入門。予備校での講演に基づきやさしく解説。

G456
ヴァイマル憲法とヒトラー
―戦後民主主義からファシズムへ―
池田浩士

史上最も「民主的」なヴァイマル憲法下で、ヒトラーが合法的に政権を獲得し得たのはなぜなのか。書き下ろしの「後章」を付す。

2025.6

岩波現代文庫［学術］

G457
現代《いま》を生きる日本史
須田努
清水克行

縄文時代から現代までを、ユニークな題材と最新研究を踏まえた平明な叙述で鮮やかに描く。大学の教養科目の講義から生まれた斬新な日本通史。

G458
小国
―歴史にみる理念と現実―
百瀬宏

大国中心の権力政治を、小国はどのように生き抜いてきたのか。近代以降の小国の実態と変容を辿った出色の国際関係史。

G459
〈共生〉から考える
―倫理学集中講義―
川本隆史

「共生」という言葉に込められたモチーフを現代社会の様々な問題群から考える。やわらかな語り口の講義形式で、倫理学の教科書としても最適。「精選ブックガイド」を付す。

G460
〈個〉の誕生
―キリスト教教理をつくった人びと―
坂口ふみ

「かけがえのなさ」を指し示す新たな存在論が古代末から中世初期の東地中海世界の激動のうちで形成された次第を、哲学・宗教・歴史を横断して描き出す。〈解説〉山本芳久

G461
満蒙開拓団
―国策の虜囚―
加藤聖文

満洲事変を契機とする農業移民は、陸軍主導の強力な国策となり、今なお続く悲劇をもたらした。計画から終局までを辿る初の通史。

G467
コレモ日本語アルカ？
―異人のことばが生まれるとき―
金水敏

ピジンとして生まれた〈アルヨことば〉は役割語となり、それがまとう中国人イメージを変容させつつ生き延びてきた。〈解説〉内田慶市

G468
東北学／忘れられた東北
赤坂憲雄

驚きと喜びに満ちた野辺歩きから、「いくつもの東北」が姿を現し、日本文化像の転換を迫る。「東北学」という方法のマニフェストともなった著作の、増補決定版。

G469
増補 昭和天皇の戦争
―「昭和天皇実録」に残されたこと・消されたこと―
山田朗

平和主義者とされる昭和天皇が全軍を統帥する大元帥であったことを「実録」を読み解きながら明らかにする。〈解説〉古川隆久

G470
帝国の構造
―中心・周辺・亜周辺―
柄谷行人

『世界史の構造』では十分に展開できなかった「帝国」の問題を、独自の「交換様式」の観点から解き明かす、柄谷国家論の集大成。佐藤優氏との対談を併載。

G471
日本軍の治安戦
―日中戦争の実相―
笠原十九司

治安戦(三光作戦)の発端・展開・変容の過程を丹念に辿り、加害の論理と被害の記憶からその実相を浮彫りにする。〈解説〉齋藤一晴

岩波現代文庫[学術]

G472
網野善彦対談セレクション 1 日本史を読み直す
山本幸司編

日本史像の変革に挑み、「日本」とは何かを問い続けた網野善彦。多彩な分野の第一人者たちと交わした闊達な議論の記録を、没後二〇年を機に改めてセレクト。(全二冊)

G473
網野善彦対談セレクション 2 世界史の中の日本史
山本幸司編

戦後日本の知を導いてきた諸氏と語り合った、歴史と人間をめぐる読み応えのある対談六篇。若い世代に贈られた最終講義「人類史の転換と歴史学」を併せ収める。

G474
明治の表象空間(上) —権力と言説—
松浦寿輝

学問分類の枠を排し、言説の総体を横断的に俯瞰。近代日本の特異性と表象空間のダイナミズムを浮かび上がらせる。(全三巻)

G475
明治の表象空間(中) —歴史とイデオロギー—
松浦寿輝

「因果」「法則」を備え、人びとのシステム論的な「知」への欲望を満たす社会進化論の跋扈。教育勅語に内在する特異な位相の意味するものとは。日本近代の核心に迫る中巻。

G476
明治の表象空間(下) —エクリチュールと近代—
松浦寿輝

言文一致体に背を向け、漢文体に執着した透谷・一葉・露伴のエクリチュールにはいかなる近代性が孕まれているか。明治の表象空間の全貌を描き出す最終巻。〈解説〉田中 純

岩波現代文庫［学術］

G477
シモーヌ・ヴェイユ
冨原眞弓

その三四年の生涯は「地表に蔓延する不幸」との闘いであった。比類なき誠実さと清冽な思索の全貌を描く、ヴェイユ研究の決定版。

G478
フェミニズム
竹村和子

最良のフェミニズム入門であり、男／女のカテゴリーを徹底的に問う名著を文庫化。性差の虚構性を暴き、身体から未来を展望する。〈解説〉岡野八代

G479
増補 総力戦体制と「福祉国家」
―戦時期日本の「社会改革」構想―
高岡裕之

戦後「福祉国家」とは全く異なる総力戦体制＝「福祉国家」の姿を、厚生省設立等の「戦時社会政策」の検証を通して浮び上らせる。

G480-481
経済大国興亡史 1500-1990（上・下）
チャールズ・P・キンドルバーガー
中島健二訳

繁栄を極めた大国がなぜ衰退するのか――国際経済学・比較経済史の碩学が、五〇〇年にわたる世界経済を描いた。〈解説〉岩本武和

G482
増補 平清盛 福原の夢
髙橋昌明

『平家物語』以来「悪逆無道」とされてきた清盛の、「歴史と王家への果敢な挑戦者」としての姿を浮き彫りにし、最初の武家政権「六波羅幕府」のヴィジョンを打ち出す。

2025. 6

岩波現代文庫［学術］

G483-484
焼跡からのデモクラシー（上・下）
—草の根の占領期体験—
吉見義明

戦後民主主義は与えられたものではなく、戦争を支えた民衆が過酷な体験と伝統的価値観をもとに自ら獲得したことを明らかにする。

G485
柳田国男と民俗学の近代
—奥能登のアエノコトの二十世紀—
菊地暁

激変する戦後日本の中で、柳田国男とその門下たちが「発見」したアエノコト。その過程を、「二十世紀の物語」として再考する。〈解説〉佐藤健二

G486
定本 ラバーソウルの弾みかた
—ビートルズと僕らの文明—
佐藤良明

60年代の対抗文化が宗教革命・産業革命に並ぶ精神の変容を伴ったことを活写。旧版を全面改稿し、資本主義のエートスを描き直す。

2025.6